本书编委会成员

总策划：陈颂清

策　划：马笑虹

主　编：高　渊　张　玮　尤莼洁　秦　红

编　辑：洪俊杰　张　杨柳　森　李宝花　章迪思　许　莺　陈抒怡　谢飞君

图片整理：孙欣悦　邵　竞

申喉 **4855** 钩沉 上海观察◎编

上海三联书店

48

目 录

55

1

晚清内陆青年与上海 | 十年砍柴

清末至 20 世纪中叶,中国几乎所有政治、经济、文化重要人物,要么在上海度过一段重要时光,要么影响其一生的转折点发生在上海。上海不仅成为内陆青年眼中的财富之都和时尚之都,也是文化教育之都,南洋公学、商务印书馆、《申报》等文教机构对 20 世纪初中国知识青年的影响,怎么估计也不为过。

1899 年,清光绪二十五年,岁在己亥。这是"戊戌变法"失败后一段阴云密布的日子,一位年逾五旬的老人在故乡—广东梅州,写下了一首怀人诗:

> 谬种千年《兔园册》,
>
> 此中埋没几英豪。
>
> 国方年少吾将老,
>
> 青眼高歌望尔曹。

诗的作者是被后世称为"近代中国走向世界第一人"的黄遵宪。他所思念的不是同辈名人或显宦,而是三位年龄小其三旬左右的少年。他在自注中言所怀之人乃"李炳寰、蔡艮寅、唐才质"。三人皆为湖南籍。其中李炳寰是慈利县人,年最长,1876 年生人;唐才质为浏阳县人,1880 年生人;蔡艮寅乃邵阳县人,1882 年生人,年最少,他后来改名蔡锷。

这三位湘籍学生是公度先生在长沙时务学堂非常器重的学生。写这首诗时,黄遵宪正值劫后余生,心有余悸。黄遵宪和他几位学生的命运都与上一年失败的维新运动有关。而黄遵宪能九死一生，留得一条命回到故乡，只因事变发生时他恰好在上海。

黄遵宪作为出使过日、英、美，东南亚地区各国的资深外交官，深知西方国家和日本之所以强大，乃是因为国家政治制度比大清朝先进得多，因此一直主张变法。当朝廷开始变法时，他也受到了重用。1897 年夏，他被任命为长宝盐法道（主管湖南长沙府宝庆府的食盐、钱粮、刑名），是正四品的高官。等他到达长沙后，恰好湘省按察使出缺，他便被任命为署理按察使，主管一省的刑事、民事、治安和官吏监督，相当于今天的省政法委书记兼纪委书记。此时，湖南巡抚乃是陈寅恪先生的祖父陈宝箴。在这位开明巡抚的倡导下，闭塞的湖南一跃和北京、上海并列为变法三大中心之一。在黄遵宪的建议下，陈宝箴兴办了时务学堂；也是在黄遵宪的推荐下，学堂聘请了梁启超为学堂总教习。黄遵宪作为一位高官，亲自赴学堂为学生讲课，他和学堂其他教师或管理者如陈宝箴公子陈三立、同样是贵公子的谭嗣同、翰林熊希龄结为志同道合的好友。

本来，光绪颁布"明定国是诏"后，也下旨调黄遵宪进京重用。怎知黄在长沙水土不服得了疟疾，因病推迟行程。正好当时上海《时务报》奉旨改为官办，原来的老板汪穰卿以补偿不到位等理由迟迟不肯交割。于是朝廷命黄遵宪途经上海，查办这事，秉公核议。于是，黄遵宪于 1898 年阴历七月初八离开长沙，抵达上海时已是七月三十日。

差事还没开始办，京城传来惊天霹雳，9 月 21 日（阴历八月初六），慈禧太后从颐和园赶回紫禁城，大捕新党，康、梁潜逃。9 月 28 日（阴历八月十三），谭嗣同等六君子被杀于北京菜市口。守旧势力对维新人士进行疯狂打击，黄遵宪自然不例外。御史黄均隆奏称黄遵宪早在湖南就与康梁等人暗通消息。而且坊间传言康有为隐匿在黄遵宪的寓所—康实际上藏在日本使馆，而黄遵宪多年驻日，与日本政界关系很好，故有此讹传。于是，朝廷下旨两江总督派员将黄遵宪抓捕归案。

黄遵宪在上海住在道公所，听到北京政变的消息后，警觉的他立刻迁入洋务局。因为洋务局毗邻租界，便于向洋人传递消息。果然，上海道蔡和甫派兵围住黄遵宪的寓所，要带走黄遵宪。而此时，日本的前首相、和黄遵宪颇有交情的伊藤博文正好在上海，他立刻去电北京，让日本驻华公使林权助向清廷总理衙门提出交涉,称未公布黄遵宪之罪就拘捕他将有碍两国邦交。英国驻上海总领事则当面找到正在上海的四川总督奎俊,说若对黄遵宪处理不公,英国政府必将干预。

清廷最怕的是洋人,这次是英、日一老牌帝国一新晋强国一起出面营救黄遵宪,清廷不敢蛮干。当时的两江总督乃湘军名将刘坤一(湖南新宁人),他本来就和曾国藩、左宗棠、李鸿章一样思想开明,一看这势头,立马上书朝廷,奏请将黄遵宪从轻发落。即使其有应治之罪,也得将其遣送回原籍,查明具体罪状后再办。朝廷批准了刘坤一的奏请,于是黄遵宪便被免除一切职务,回到了故乡广东梅州。

几乎在黄遵宪离开上海回故乡时,蔡锷、唐才质等高足来到了上海。变法失败,新党的大本营时务学堂自然停办。失学的原时务学堂学生蔡锷、唐才质、范源濂先去武昌的两湖书院,想插班求学,两湖书院一看是时务学堂的学生,立马拒绝。于是少年们只得买舟东下,来到上海,投考盛宣怀创办的南洋公学。举目无亲的蔡锷等人幸亏遇到了原来在时务学堂当外语教师的李维格,他早就被挖到南洋公学。在老师的引荐下,1899 年夏,这三位湖湘子弟考进了南洋公学,而李炳寰则直接去了日本。

蔡锷等人在南洋公学求学的日子很短,但上海是其人生重要的驿站。蔡锷等人在公学读了不到半年,和先期逃亡到日本的老师梁启超接上头。经梁启超一鼓动,几位买了船票,坐船从上海去了日本(那时候,清国臣民到日本等国是免签的,路费比走陆路去北京还便宜,日本东京的生活费也不比上海昂贵)。

黄遵宪寄予厚望的三位学生都有成就。其中最可惜的是李炳寰,1900 年回到上海,再潜入湖南,参加唐才常(即唐才质的兄长)领导的自立军起义,兵败被杀。蔡锷此次也一同回国,但因为被指派外出联络,未参与暴动,侥幸存活。后领导护国运动推翻了袁世凯所复辟的帝制,因患病赴日医治,不治身亡,其灵柩亦是从上海靠岸,回到故土。唐才质活得最长,熬过了多少血雨腥风,在 1966 年 12 月逝于长沙。

上海,是蔡锷等湖湘子弟命运的拐点。蔡锷这代内陆青年精英,其人生轨迹已经从传统的北上京师参加科举求官,变为东下上海追求更新更宏大的前程。这种变,亦可映射 19 世纪末 20 世纪初中国之大变。

本文发表于 2013 年 12 月 10 日

1952 年曹杨新村,结局或开始 | 王 海

　　时代车轮滚滚向前,厚重的历史记忆愈发显得弥足珍贵。日前,《解放日报》挖掘整理出一批自1949 年以来、由一代代新闻记者拍摄的珍贵历史照片,其中大部分,从未向世人公开过。从现在起,我们将和读者诸君一道,轻拾起一张张泛黄的照片,细细品味那些光影瞬间背后的故事。

1952，记者很忙。

这一年的 6 月 25 日，新中国第一家工人新村—上海曹杨新村大门处的电钟正在安装。《解放日报》摄影记者俞创硕站在安装扶梯的约十米处，仰拍留下了影像。这并非俞创硕第一次来曹杨新村。之前的一天，如果我记忆的坐标没有出错，在曹杨一村后来那座非常著名的、横跨曹杨环浜的"红桥"上，一对夫妻依桥而立，脉脉凝望的镜头永久地留在了他 120 相机的胶片上。画面上，两人都露出洁白的牙齿，妻子看上去比丈夫更显得健硕—她更像《良友》画报的某期封面女郎而并非"勤生纱

新装在曹杨新村大门口的电钟。
（俞创硕摄 1952 年 6 月 25 日）

厂女工孔阿菊"—是的，目前我能看到的关于那组照片的说明的确这么写着。

徐真华和孔阿菊。（俞创硕摄 1952 年 6 月 24 日）

休假日徐真华和孔阿菊骑了自行车一块儿去看电影。（俞创硕摄 1952 年 7 月 1 日）

　　在拍完电钟的次日,俞创硕又来到了曹杨新村,在村口的某个制高点上,留下一张"新建工人住宅曹杨新村"的中远景。四天后的 7 月 1 日,俞创硕再次找到了孔阿菊和她的丈夫—"国营上海第二纺织机械厂"徐真华,或许之前的照片不那么让他满意。拍摄地点还是"红桥"—不看留下的文字资料,你会误认为和之前"脉脉相望"的是同一天。夫妻俩洋气十足的装束未变,不同的是道具增加,自行车从一辆变成两辆。和之前摆拍痕迹稍浓的那张比,夫妻骑车的照片,多了一丝灵逸。

　　就此,在徐真华与孔阿菊的故事里,俞创硕暂时退场。不过仅仅隔了一天,1952 年 7 月 3 日,俞的同事汪刚再次找到了这对已然十分具备镜头感的夫妻。汪刚的任务显然是"让时光倒转"。在他留下的两幅照片上,第一张的图说为"徐真华和孔阿菊搬进了曹杨新村",照片上孔阿菊左手抱一个孩子,右手牵一个,手上的已经酣然入睡。徐真华右手提一只皮箱,左脚正踏在楼房进单元门的台阶上。和之前身穿"洋服"在红桥留影不同,夫妻俩这次穿的都是略显皱巴巴的解放服。第二张的图说为"徐真华和孔阿菊搬进了曹杨新村,他们愉快地布置着新房"。

国营上海第二纺织机械厂徐真华和勤生纱厂的孔阿菊搬进了曹杨新村。(汪刚摄　1952年7月3日)

徐真华和孔阿菊搬进了曹杨新村,他们愉快地布置着新房。(汪刚摄　1952 年 7 月 3日)

　　当然这也不是汪刚第一次进曹杨新村拍摄。就在俞创硕第二次找到徐真华、孔阿菊补拍镜头的那天,汪刚也在。时间应该比"看电影"的稍晚,"国营上海第二纺织机械厂陆阿狗与黄梅狗等在夕阳西下的时候，他们就在草地上下棋"。照片正中摇着蒲扇的还是徐真华，十分抢镜。他的右边，膝上坐着一名胖孩子的人应该是陆阿狗，当时著名的劳动模范（我上世纪 90 年代中采访过陆老，当时他已不住在曹杨新村）。

国营上海第二纺织机械厂陆阿狗与黄梅狗等在夕阳西下的时候，他们就在草地上下棋。（汪刚摄 1952 年 7 月 1 日）

至此，本组照片的时间线基本厘清。俞创硕、汪刚这对同事如此钟情同一个题材的原因不难理解。作为新中国样板式的工人新村，曹杨新村（一村）无论在建筑史还是城市史上留下可堪论争的话题都不可谓不丰富。和之后建造的曹杨二村—N 村以及之后上海大规模上马的甘泉、宜川、同泰、顺义、石泉、金沙、普陀等仅仅为了解决住房而在建筑上乏善可陈的工人新村相比，红瓦白墙、每公顷的密度仅为278 人的曹杨一村，是开始，也是结局。

曹杨一村的设计者汪定曾 1935 年毕业于交通大学土木工程系，1938 年获美国伊利诺伊大学建筑硕士学位，1939 年回国。建国后，曾任上海市规划建筑管理局副局长兼总建筑师、高级建筑师,主持、指导了上海体育馆和上海宾馆等工程的设计。他还参与了延安中路中苏友好大厦(今上海展览馆)50米大跨度拱形屋盖的设计。

汪定曾设计的曹杨新村,既有上海旧时弄堂的情趣,又不乏欧美社区的影子。1929年美国人科拉伦斯·佩里创建了"邻里单元"理论,要求在较大范围内统一规划居住区,使每一个"邻里单位"成为组成居住的"细胞",并把居住区的安静、朝向、卫生和安全置于重要位置。在邻里单位内设置小学和一些为居民日常生活服务的公共建筑及设施,并以此控制和推算邻里单位的人口及用地规模。

回溯曹杨新村建成之后的种种,与"邻里单元"理论显然暗合。在新村落成的同时,新村的第一家商店—曹杨商场的前身曹杨新村商店也正式挂牌营业。此外还开设了菜场、老虎灶、浴室、公共卫生间等与人们生活密不可分的设施。居民入住两个月后,新村的幼儿园—即现在的上海市实验幼儿园,新村小学—即现曹杨中心小学都很快建成。

汪定曾据说后来受到了批评。我猜是因为"过于奢侈和理想化"的设计。这让曹杨一村成为整个"曹杨系"乃至整个"工人新村"矩阵里的异数。当然,这也是2005年曹杨一村跻身上海历史保护建筑的主因。1952年5月曹杨一村竣工后,那里的建筑曾被称为"苏式洋房",其实汪定曾致敬的对象无疑更靠近科拉伦斯·佩里,只是彼时不可言说而已。

一个牛人设计了一个曾经很牛的村落,这是上边的故事。最后说点边角料的牛事—摄影者俞创硕。被称为中国的罗伯特·卡帕的俞创硕拍摄过1938年11月的长沙大火、第三战区反攻南昌的战役、重庆校场口隧道大惨案;1945年,抗战胜利后,俞创硕回重庆采访周恩来、张治中、马歇尔三人和谈小组以及董必武、叶剑英等讨论组成联合政府的活动……朱总司令那张广为人知的《良友》画报封面照,正是出自俞创硕的镜头。

1949年之后,俞创硕任《解放日报》摄影记者。拍摄曹杨新村包括之前新时代来临之后的种种,于他是某种结局,更是开始。

(图片来源:《解放日报》老照片)

本文发表于2013年12月14日

马斯南路,四个寂寥的男人 | 王 海

【《解放日报》独家老照片】对于这张照片,我能找到的所有文字资料只有短短一行字:1949 年 6 月 10 日,证券大楼巨钞案首批判决犯。

四个极具民国范儿的中年男子透过电脑屏幕,漠然地看着我——也看着当年摄影者 120 相机的镜头——准确地说,不怵于目光直视的其实是三个人,另外一个微胖界男子,略显怯意地眼帘低垂。说"民国范儿"多少有点扯,这哥四个本就是那个时代的人。对于这张照片,我能找到的所有文字资料只有短短一行字:1949 年 6 月 10 日,证券大楼巨钞案首批判决犯。

这天上海发生了一桩震惊中外的大事——军管会取缔上海证券大楼以及有价证券和黄金白银交易,平抑城市物价。这场保卫新政权经济话事权的的战斗发生距上海解放不到 20 天。人民币于当年 6 月初发行后,受到投机者狙击,造成物价飞涨,人民币只能用于小额流通而无法完成大宗商业交易。上海市委先后在 6 月 5 日、6 日两天总共向市场抛售了 41 万枚银元,希望借此能够弥平银元上涨的压力,但这批银元却很快被上海市场所吸收,仅仅起到了延缓升值速度的效果。这是促使强硬力量几天后介入的主要动因。

64 年后,当我在上海图书馆里小心翼翼地翻阅 1949 年 6 月份《解放日报》合订本(天晓得他们居然从库房调出原件给我)时,不禁对当天束手就擒的那批投机者的政治敏感性"深表叹服"。1949 年 6 月 5 日,《解放日报》头版发表社论《扰乱金融操纵银元的投机者赶快觉悟!》;次日《解放日报》头版头条《上海人民纷纷要求严格取缔银元市场,稳定物价安定民生》;又过了一日,《市民痛恨银元投机,要求政府严厉处理》;6 月 8 日,《银元投机威胁上海人民生活,各界一致主张严惩》;正式动手的前一天,《全市人民愤怒万分,银元投机不能再忍》……听锣听音,话说到这个份上,6 月 10 日这天依旧前赴后继进入"投机中枢"证券大楼的投机者可谓"要钱不要命"的熨帖代言。或许,金钱真的能使人疯狂。

参与战斗的几百名军方人士多数事前不知缘由,行动前每人收到一只布袋,要求掏空兜内的所有东西,将写有名字的字条投入后,上缴部队。前往证券大楼途中,行动者被告知具体目的地,同时一条极为严厉的指令被传达:遭遇现场顽强抵抗的,可就地正法。

整个行动从上午十时持续到午夜,主要时间均用来清点收缴之财物,计有:黄金 3642 两、银元 39747 枚、美元 62769 元、港元 1304 元、人民币 1545 多万元和囤积的呢绒、布匹、颜料、肥皂等商品以及手枪 2 支。在一名资深证券经纪人处,军方起获了黄金 17 斤。参与战斗者每人获得一元钱以及一斤肉票的奖励，此外，所有参与者还获得了一项特别奖励：允许打开收缴财物的箱子，一饱眼福。

事后彻底搜查证券大楼，发现不少桌子的垫脚物是白花花的银洋，在一些房间的隔层中搜出大量美钞。大楼被政府分给部队居住后，有战士更在地板内起获数量超过百根的金条。证券大楼里这些真真假假的财富段子，在日后的岁月里长久地在民间加工、发酵、传播。

今天大家看到的这四个人，应该是当天行动最终落网的且被法律判决 238 人中的 4 名。1949 年 6 月 13 日的《解放日报》报道《银元投机嫌疑犯，昨已解地方法院二三八名均将受审》。从四人站立的背景看，极似 1990 年代中期我经常前去采访的杨浦区平凉路 2049 号杨浦分局（解放前的杨树浦巡捕房）那种标准的巡捕房格局：回字形楼房，中间院落四方、宽敞。如果我的判断没有出错，照片的拍摄地点应该就在当时地方法院第一看守所，地址马斯南路，即今天的思南路 99 号（现为市公安局 99 号大院）内，拍摄时间应在 13 日前后。

史料记载，事件中被扣的投机倒把者，首恶分子都被判处有期徒刑，但出于经济惩诫的目的，他们被允许以金钱抵扣刑期。

取缔证券大楼的战斗起到了确立人民币作为主导货币的目的。但证券交易这个东西，一直要到 42 年后 1991 年的 11 月 26 日，方重新在昔日的远东第一大城市出现。

有意思的是，相隔 42 年的和证券交易有关的"收"与"放"，都与一个人有关：邓小平。

据相关人士回忆，邓小平当时准备与刘伯承率军挥师西南，受陈毅邀请，参加行动联席会议。会上，邓小平第一个发言表示，"上海现在这种局面，与证券大楼捣蛋是分不开的，治标治本，既然要打击不法分子，打蛇打七寸，取缔证券大楼我赞成。（《人民政协报》2009 年 12 月 11 日报道）"

而据新中国上海证交所成立的推手、上海当时的领导朱镕基事后回忆，在决定要筹建上海证交所之前，他就曾当面向邓小平汇报过。他说：小平同志，我们想建立上海证券交易所。邓小平当时说：好哇，你们干嘛。

上海证券大楼所在与当年的解放日报社仅一箭之遥：汉口路 422 号。前几天我经过汉口路时特意张了一眼。如今这座楼的房客是：五金机械公司、交家电集团建筑经营部、快递公司、售楼处、一家医保中心,还有如过江之鲫的贸易、科技公司……

如今 50 岁左右的上海人或许还记得一本上海人民美术出版社出版的连环画《证券大楼的战斗》,描绘的正是这段史实。小人书里的银牛(银元贩子)无不横肉狰狞、獐头鼠目。但在今天的黑白照片上,我能看到的只是:普普通通的,人。

64 年前 6 月的某一天,上海燠热的夏季还未到来,气候应该十分惬意。四个男人站在马斯南路 99 号的院子里,神情寂寥地面对摄影记者的相机。令我有点小纳闷的是,这哥四个身上的衣服,都带有明显的折痕,一般这是折叠许久的道具服装甫上身才会出现的 bug。真实的现场拍摄图景永不可能还原了。但这又有什么所谓呢,时代的洪流滚滚向前,谁能考据明白一粒尘埃的前世今生?

金融犯衣服细节

(图片来源:《解放日报》老照片)

本文发表于 2013 年 12 月 21 日

1950 年财富细节：
女星购公债　　王　海

【《解放日报》独家老照片】1950 年 1 月 10 日，在北京东路 2 号的上海广播电台播音室里，电影女星正号召市民购买胜利公债。所有的细节，只有当年摄影记者留在解放日报摄影库资料里的一行字。

如果有一部时间机器,我现在最想回到的时间点是 1950 年 1 月 10 日;地点:北京东路 2 号上海广播电台播音室;事由:电影女星号召市民购买胜利公债。我翻遍能找到的所有资料,未见这一天发生在那间小小播音间的细节抓痕,除了当年的摄影记者留在解放日报摄影库资料里的一行字:"黄宗英说不甘示弱向舒绣文看齐,白杨说宗英抢在我前面我也增加一千单位,并且我还有五个卢布二十港币"。

历史的宏大叙事从不对让普通人欲罢不能的旁逸斜出负责,但钩沉与考据的意义在于,它能令逝去的时间凸显鲜活,而并非仅仅是一个年份字符。现在让我们从上边那一行字入手,走进 1950 年初的"财富细节"。

上文提及的"胜利公债"全称"人民胜利折实公债",是 1950 年初,新成立的人民政府在财政极端困难的情况下,为回笼社会游资而发行的特殊公债。

公债以"分"为单位。换言之,白杨在先期完成认购的基础上,于当日广播台现场追加认购了"胜利公债"1000 分。既然"也增加一千单位",自然黄宗英追加的也是这个数字,继续推理——黄宗英不甘示弱向舒绣文看齐了,故而黄舒白三人认购的应是同一数量级。按常理,先期认购的数额不会少于追加部分——假设当天舒绣文、黄宗英和白杨三人各认购了 2000 分的"胜利公债"。

这是一个什么概念?

需要说明的是,"胜利公债"的单位"分"不是人民币的"分"。我在 1950 年 1 月 11 日的《解放日报》上查阅到,当天政府公布的胜利公债牌价为:每分合人民币 14843 元(旧币,与新人民币的比值为 10000:1)。换言之,当天三位女明星人均认购的公债至少合人民币旧币 29686000 元,折合成新人民币等值则为 2968.6 元。以当今的人民币购买力,这个数字并不"沉甸甸"。

但还有另一种算法,公债既言"折实",自然债券发行的背后有实物依据。据查,胜利公债募集及还本付息均以实物为计算标准,每分含实物为大米 6 市斤、面粉 1.5 市斤、白细布 4 市尺、煤炭 16 市斤。

因而我们不妨将通货膨胀因素考量进去,将 1950 年的"一分折实单位"穿越到 2013 年——我通过互联网搜集到 2013 年 12 月中旬,与当年胜利公债折实的四种实物一致的相关信息:今日大米约合每斤 2.3 元,面粉每斤 4 元,白细布每尺 2.17

元,煤炭每斤约 0.5 元,则购买当年一个"折实单位"如今所需花费在 36.5 元左右。

也就是说,1950 年 1 月花人民币新币 1.48 元能买到的上述四种东西,到今天则需 36.5 元。三位女星当初人均认购的公债,如果仅以涉及的四种商品做参考,则 2000 分相当于今天的 73000 元。

回到白杨的那句话,"五个卢布二十港币"相当于几钿? 1950 年代初五个卢布相当于 1.25 美金,约等于人民币旧币 3 万元,而当年港币与旧人民币的比值约为 1:1500。白杨的两种货币加起来合人民币旧币 6 万元,只能买 4 个单位的"胜利公债",与她追加的"一千单位"完全不成比例,既然如此她为何特意提及,还用了"并且"加重语气? 存疑。

回到播音室。当天几位女明星的服饰很有意思。看那张集体照,白杨、秦怡和舒绣文依旧毛皮大氅上身,明星做派不减往日。而黄宗英、上官云珠和吴茵则一身棉质列宁服,十分应景。

重点说下"甜姐儿"黄宗英,就在当天活动之前的十几日,后来在全国范围内引发强烈震撼,也让阿丹和黄宗英吃尽苦头的电影《武训传》刚刚拍竣,在影片的开头,扮演女教师的黄宗英正是一身棉质军服,从山东堂邑县柳林镇纪念武训诞辰 111 周年的武训祠堂现场,开始故事的倒叙。那天的甜姐儿几乎是带着《武训传》的气场,来到了广播台现场路演。

白杨(右)与黄宗英

秦怡

　　女明星们路演的所在,在此后几十年中一直是大家熟悉的上海人民广播电台,后上海文广影视集团迁入,如今则是半岛酒店的一部分。

　　集体照上,各女星的命运各异。在照片拍摄的 18 年后,1968 年 11 月 23 日凌晨,不堪迫害的上官云珠从上海五原路家中坠楼自尽,年仅 48 岁;1969 年,舒绣文在迫害与屈辱中病逝;站在播音室话筒左边脸颊带酒窝、后来有"中国第一老太婆"之称的吴茵,于照片拍摄的 7 年后被划为右派,文革中双腿残疾只能靠拐杖行走,1991 年去世,享年 82 岁;白杨去世于 1996 年。而黄宗英和秦怡两位老艺术家至今健在,鹤发童颜精神矍铄。

　　"胜利公债"获得了极佳的口碑,在发行的第六年如约全部赎回,胜利完成历史使命。和如今人们通常理解的那类"募捐"相比,"胜利公债"未尝不是一种更有双赢意义的物事。

(图片来源:《解放日报》老照片)

本文发表于 2013 年 12 月 28 日

宝庆路 3 号往事 | 依 时

据说,在上海的老外圈里曾流传过这样一句话:"没到过宝庆路 3 号,就不算真正了解上海文化"。但在这幢房子里已经居住了一辈子的老男人,那个声称离开宝庆路 3 号就要"西忒"的徐元章,已经不知所踪五年有余。那里每周五如约上演的舞会和"老克勒"的狐步舞,终究成了断章。

宝庆路 3 号,传说中的"上海第一私人花园",地理位置绝佳,位于淮海中路与宝庆路交叉口,堪称黄金地段中的黄金地段;更以坐拥近半个足球场面积的草坪,睥睨全城。而今,在搜索引擎里敲入"宝庆路 3 号",首先跳出的是 2009 年前后一场纷繁复杂的房产纠纷案。

这也意味着,在这幢房子里居住了一辈子的老男人,那个声称离开宝庆路 3 号就要"西忒"(沪语,意为"死去"。编者注)的徐元章,已经不知所踪五年有余。

据网上的公开资料,宝庆路 3 号原为"染料大王"周宗良的私人宅邸。1946 年,周宗良携一众姨太细软远走香港,此后膝下 13 名子女各奔东西。1951 年,徐元章和哥哥跟着父母搬进外祖父留下的这幢豪宅。从此,徐元章的命便和这幢房子长在了一起。而后,宾朋来了又走,人生几经风雨,他却几乎足不出户。

2005 年至 2006 年间,因为要写一篇关于画上海建筑的画家的报道,我曾有幸走进宝庆路 3 号的大门,和徐元章在草坪上散过步,看过他的画,也参加过他的舞会。

第一次登门,出于上海人的直觉,我带了一盒红宝石的鲜奶小方。走进一扇破落的小门,我跟着徐元章穿过一间低矮的杂物间,转过看上去快要塌了的楼梯,再穿过一间厕所、一条甬道,突然,一间方正明亮的跳舞厅赫然眼前。大约 150 平方米的厅,铺着黄色的地板,朝南一侧是一色落地窗。窗外白色的台阶下,便是那大得有些奢侈的草坪。

舞厅西侧,是一间小画室,暖气开足,几个中老年人慵懒地各自占据一个座位。其中一位自称是律师,兼职做徐元章画作的经纪人。还有一位80多岁、做"猫王"打扮的老爷爷,对自己的装扮安之若素。

报道出来后,徐元章邀请我周五晚去参加他的舞会。舞会差不多7点开始,一群年龄完全应该进养老院的体面人陆续就位。他们当中有医生有退休教师,但绝大多数人是一生从未工作过的小开,穿着油光锃亮的皮鞋、梳着油光可鉴的头发。

"猫王"在放卡带,音乐不是公园里那种《血染的风采》或者《康定情歌》,统统是英文歌。我从来没听过的怀旧金曲,唯一熟悉的是《moon river》和《Tennessee Waltz》。

就像经典94.7播放的查理林怀旧音乐节目,那位老克勒每次用上海话说"吾伲来听一首 river rita"的时候,我真是酥了半边。这里也是一样,他们自称的时候不说"阿拉",而是用更为正统的上海话说"吾伲",称呼对方都是查理陈、马丁李、密斯黄。这是他们的入场券。

有个80多岁的老人家请我跳舞,光头、矮个、紧身西装,带我跳完一支牛仔舞不带喘气。而徐元章不太跳舞,反是笑眯眯看着他的宾客们,适当的时候上来加些汽水和饼干,看到每个女人都软语温存几句。

中途不断有熟客自己摸上门来。有些略年轻的老男人(50岁左右的),会带几个娇艳的女孩子来。那晚有一个叫swan的学芭蕾的女孩子不知被谁带来,端得一副好身段,放什么音乐都跳得极美。老男人们争着和她跳舞,"猫王"和她跳狐步时,一个激动竟然滑倒地上,我几乎以为他要猝死,不料他便就势趴在地上做《天鹅湖》里天鹅之死的动作,一边说"swan,来看看老天鹅为你而死。"哄堂大笑。

在《胡桃夹子》里,被诅咒的王公大臣变身玩偶木偶。只有到夜深人静的时候,魔法解除,这些贵族才能恢复人形,自由走动。对于徐元章和他的朋友们而言,每周五的这场舞会,不啻如此。那是与屋外现实世界抗衡的一个短暂而温柔的时刻。

当舞会结束,曲终人散,徐元章什么都不是。他一生不曾真正工作过。多年来除去朋友接济和卖画所得,他的收入甚至还不够他出门上一次馆子。衣服也穿得廉价。他拥有过华服美食,但他并不以为意。

我最后一次参加徐元章的舞会,是和一位湖北来的女友一起去的。女友长得漂亮又会打扮,令舞会上的老男人们眼前一亮。然而席间,徐元章莫名其妙把我带到草坪上,无端说一个朋友的是非:"某某某,侬认识伐",他说,"真是拎不清,伊有一趟居然带了外地小姑娘来,吾迭种地方,阿是外地人好进来呢?"

他停顿了一下,"上海小姑娘像侬迭样的",看了我一眼,"吾自然是欢迎额。"

自此以后,我再也没走进过宝庆路 3 号,只是陆陆续续从报纸电视上获知围绕其归属权的各种官司纠纷。其实在我参加舞会的那些年,徐元章便已陷入和外祖父的其他子孙的争产纠纷。因为徐母 50 年代去法国后再也没有音讯,作为失踪人员子女,他对这幢老宅并无继承权。

再后来,又有某地产集团来搅这趟浑水。根据市一中院的判决:"鉴于本案继承人众多,对宝庆路 3 号房屋无法进行实物分割,于是采用竞价的方式变现,变现后的价款作为继承标的按照遗嘱进行分配。"按照这个方法,法院将宝庆路 3 号的产权以 7300 万元卖给了上海地产集团。周氏后人自然不认可,于是这桩官司愈发纷繁复杂。

我几乎都找不到关于这桩老宅的"一锤定音"式的最终说法。在这个日新月异的时代,人们从来不会对一件事情关注太久,因为总有源源不断的新鲜事物在等待着他们。宝庆路 3 号的新闻渐渐少了,没人关心它的最终结局。

直到有一天,我看到了一则关于宝庆路 3 号的纪录片。片子最后打出字幕:"花园洋房易主后,再也没有联系上徐元章。"我这才意识到,那里每周五如约上演的舞会和"老克勒"的狐步舞,终究成了断章。

依稀记得,每次按响他的门铃时,这个瘦小的老人会用那种漫不经心的糯糯上海话说,"长远不见想我了吧,进来吃杯咖啡吧。"

本文发表于 2014 年 1 月 3 日

"豹纹火警哥"的十月八日 王 海

【《解放日报》独家老照片】1949年10月8日,是上海人民庆祝开国"狂欢周"的最后一日。整场游行从中午12点开始,直至次日4点方告结束,盛况空前。《新民报》记者夏阳无限感慨地写道:"活过了最近这几天,我才知道了'狂欢'两个字究竟是意味着一种怎样的情景……这些情形,在以前怎么能想象?活了这几天,一个人才真算不是白活了。"

这本是上海1949年10月寻常的一天,然而火警学校教官×先生从单身宿舍的硬板床上睁开眼睛时,却隐隐嗅到空气中飘过的异样气息。"咴——"一声凄厉的马嘶掠过耳畔。

×一个激灵从床上跳下,三步并作两步跨到窗前。院子里,一匹额带白星的枣红色骏马正桀骜不驯地原地打转。"我来了!"×手拍窗棂,喉间发出含混的振动。

几个小时后,南京路。

×先生和火警学校学员的方队,器宇轩昂地穿过围观如堵的人群,向跑马厅进发。学员方队白衣黑裤,人手一面红旗斜斜地指向自己的十一点钟方向,惟×鲜衣怒马——吊睛白额的战马上,×挺身耸立,三七头势清爽,目光沉静坚毅,一条扎眼的豹纹裤熨帖地围在腰间,抹过橄榄油的满身栗子肉在上海正午的日光下闪闪发亮。

"弟兄们,跟上!"×扭头低喝,带着不容置疑的威权。

×就是×,关于他的姓名来历均不可考,然而形象却永远留在了解放日报摄影记者的底片上,直到65年后的今朝重见天日。除了照片上×手中旗帜上"火警学校"四个字,以及其他目之所及的定格影像,其余情景均来自我的合理想象。

然而在那一天——1949年10月8日的上海,×却是万千真实存在之一。这天是上海人民庆祝开国"狂欢周"的最后一日。10月9日的《解放日报》头版写道:"因过去一周中连日大风雨,二日虽曾在大雨中举行过代表性的集会,各单位各团体亦曾自发作过若干游行示威,但远不能满足群众的要求,乃决定于昨日举行大示威游行"。

当天游行示威的主会场设在跑马厅(今人民广场)。

主席台上,高高竖起三丈多高的斯大林、毛泽东和朱德、孙中山巨像,台面上左右两侧分别竖起24面国旗,台中央是中华人民共和国、苏联和东南欧六个新国家的国旗。全场有56支大小水银灯,国际饭店24层楼顶上的国旗和跑马厅东北角的国旗都有专灯照射。

中午12点开始,27响礼炮轰鸣,《国际歌》和《义勇军进行曲》在会场上空飘扬。万众参与的示威游行正式开始,直至凌晨4点,最后一支队伍——文艺界人士和沪西、嵩山区的工人、民众走过跑马厅,绵延 16 小时的全市大游行方在朦胧的天光中宣告结束,盛况为上海历史之前所未有。

据史料记载,当日原计划 20 万人的游行,最终筹备会统计的报名人数多达 44.7 万人,实际人数达到了 50 万人。而次日上海报章更是以《上海昨日空前大沸腾,百万人示威游行》予以渲染。

在《新民报》10 月 9 日的晚刊上,记者夏阳无限感慨地写道:"活过了最近这几天,我才知道了'狂欢'两个字究竟是意味着一种怎样的情景……这些情形,在以前怎么能想象? 怎么能相信? 活了这几天,一个人才真算不是白活了。"

今天各位读者看到的几张照片均未见诸于当时的报刊。一个多甲子的岁月之后,当我们从当年那个大时代来临之际的宏大叙事的语境中抽离,细细体味一下"时代细节"时,感喟往往更甚——

图一:上海人力车工人参加庆祝开国盛典游行

图二:背上有字的老鳖

图一:一名左手持帕、右手打伞的女人看起来应该踩在某个男人的肩上,居高临下直视镜头,她的脚下各色着戏装的男子做莲花状簇拥。看上去这或是一个乡间剧团,然而摄影者留下的手记却标明,此乃"上海人力车工人参加庆祝开国盛典游行"。那女人要么是沪版人力车行老板的闺女虎妞?

　　劳动人民的促狭与直指人心,则在图二中表现得淋漓尽致。挑夫的担子上,一只平生未见之巨型老鳖背上,露出一个大字"蒋"。挑夫身侧的横幅上,"上海码头工会"字样清晰可见。

图三:不知名的健力士人体组成五角星　　　　　图四:Cosplay 和平女神

　　图三中,五位不知名的健力士以人体组成五角星——沪语"凹造型",此之谓也。

　　图四的白袍女人貌似微胖版的王菲,其造型却是 cosplay 老上海人十分熟谙的"和平女神"。在如今的延安东路和中山东一路的路口,曾经矗立过一座纪念从上海赴欧作战(一战)死难欧美侨民的"和平女神"纪念碑。

　　1920 年代,延安东路曾是一条分隔公共租界和法租界的界河——洋泾浜。河浜被填埋造路后,以英王爱德华七世之名命之为"爱多亚路"。"和平女神"碑跨界而立,人称"上海第一碑"。"和平女神"两旁为铜制的盔胄盾甲等古代战争用具,伊左手爱抚一战争中失去母亲的孺童,右手正欲抚慰一位失去儿子的母亲。

　　"和平女神"面向外滩万国建筑轮廓线,从海上抵达浦江的人们,所见的只是她的背影。与纽约曼哈顿港面朝大海的自由女神恰恰相反,"和平女神"表达的主题是神圣兼悲悯。

　　二战中,1941 年,侵入租界的日军拆除女神像,尽管塑像并非损毁,但战后囿于财力,女神像再也未现身外滩。8年后,在游行队伍中,沉浸在和平的狂欢中的上海人祭出女神,聊以缅怀。

往者不可谏。假如和平女神像还在,假如1990年代闻名沪上乃至世界的延安东路高架"亚洲第一弯"还在,当我们风驰电掣沿路东行至中山东一路猛然左转时,最初的惊艳当为"和平女神"。

不存在臆想的假如,一如人声鼎沸的麇集,很多时候只是肉身对神圣的戏仿。

1949年10月8日,×先生和他的队伍踏过跑马厅的草坪。几年后,他们脚下的这块地方将永远从上海地图上被抹去,而代之以更具时代气质的符号:人民广场。

哒哒的马蹄声中,×的队伍蜿蜒转出,前行,消失在国际饭店转角。

(图片来源:《解放日报》老照片)

本文发表于2014年1月5日

解放初的禁娼运动 | 寿小南

　　"刚解放那个时候,很多事情都变了。"在以建国初的禁娼运动为背景的电影《红粉》的片头,叙述者以一口上海话悠然而道。据历史记载,1958年上海市人民政府宣布娼妓业彻底消灭。

1951 年的秋天,成立不久的上海市人民政府发起了禁娼运动。事实上,在上海作为通商口岸的历史上,中外社群曾多次发起对城市娼妓业实行管理、限制的运动。公共租界的卫生长官关心的是性病的传播;外国传教士和妇女改革家们哀叹世风日下;中国社会活动家则把禁娼作为中国现代化和提高中国妇女地位计划的一部分。

尽管这些诉求各不相同,但任何一任市政府都没能成功地关闭妓院,直到中华人民共和国成立。

事实上,早在禁娼运动开始之前,上海的妓院主们就体会到了世道已变。从 1947 年到 1951 年,石家庄、北京、天津、南京、苏州、杭州等城市都已成功取缔了娼妓业。别的城市中同行的命运让他们产生唇亡齿寒之感。

在 1949 年解放时,一些与帮会有联系、被称为"妓院巨头"的最大妓院的老板就逃到了境外,另外一些在 1951 年 4 月镇压反革命的运动中被抓了起来并判处死刑。同时由于上海农村的经济逐步从内战萧条中得到恢复,许多妓女回到老家或在上海找到了别的工作。到 1951 年底,当市政府终于把注意力放到关闭妓院和清理街道的时候,它所面对的已是一个大大缩小了的妓女群体。

在 1951 年 11 月 25 日的围捕行动中,共计 501 名妓女被警方遣送到上海妇女劳动教养所,其中包括持有执照的妓女也有街头流莺。在教养所,这些女人得到的生活条件比当时许多上海居民要好,每人有自己的床铺,有被子、毛毯、脸盆还有碗筷。她们的伙食不错,可以穿自己的衣服,工作人员对她们也很有礼貌。

然而当工作人员给她们做动员报告时,却遭遇了一次哭声示威。有一个妓女喊了一声:"姐姐妹妹,哭!"一喊之下,在场的三百多人一齐大哭,哭了两个钟头。改造过程的起步就不顺利。

1948 年,在革命性变化来临前夕,一项对上海市 500 名妓女的调查显示,不少妓女对她们的职业表示满意,主要是因为这一职业比起她们所能从事的其他职业来,收入更加丰润一些。大部分妓女只关心吃喝玩乐,另外的对生活抱无所谓的态度。比较满意的收入、对国家权威的害怕、压抑的心理,所有这些混合在一起的心态说明这个群体并不渴望改造。

取得这些"姐妹们"（围捕行动之后她们就再也没有被叫做妓女）信任的第一步是给她们医治性病和其他疾病。尽管许多女人相信抽她们的血是为了到市场上去卖，但正是有了治疗性病这一条，使这些女人相信改造人员真的没有恶意。如果政府认为值得花钱把她们的病治好，那么或许在新社会中还真有她们的位置。

改造的第二步是给这些妇女上一系列的课程，她们每天花半天时间学习，掌握基本的读写技能。

妇女们每天在劳教所的某个车间参加半天劳动，生产袜子和毛巾。在改造者们的思想中，传授实际工作技能是第二位的，最主要的是养成劳动习惯，而这并不容易。有的妇女认为在外面一天到晚不做事，到劳教所要生产要劳动，她们不愿意做。

在电影《红粉》中，来自翠云坊的姑娘小萼因不堪忍受劳动强度而欲上吊自尽。这固然是一个极端的表现，但也足以证明对这些妇女来说，从心灵到身体层面的改造绝非易事。

1953年，上海妇女劳教所开始释放那些改造好的收容人员。这些女人有三条出路，乡下有亲戚的一般都送交她们的家庭带回。第二类是态度和表现最好的或上海有亲人的，她们被分配到城镇工厂里工作。第三类是无家可归的，她们被送到甘肃、宁夏或新疆的国营农场中，对她们来说，同意去是因为有结婚从良的机会。

尽管获得了一定的劳动能力，被压迫的个人历史也在国家意识形态的层面被接受。然而对这些妇女来说，要开始在新社会的新生活，仍然不是容易的事。

在电影《红粉》中，从劳教所逃出来的秋仪在经历了情感破灭后遁入空门，却终因不被接受而回到了乡下老家。然而家里早就没有她的位置。她的归来并没有带来团聚的喜悦，反而使得家人陷入了对房产的争夺。一阵鸡飞狗跳之后，家人质问她："侬还回来做啥?!"

曾经在劳教所企图自杀的小萼在释放后进了工厂，这已经是不错的结局了。她努力劳动，用双手养活自己。因被同厂女工一句"这个钱是干净"所激，她忍不住回嘴反击，却被揪住一阵殴打。

许多妇女在上海搬迁了多次，为的是与过去知道她们曾当过妓女的邻居们离得远一点。她们的历史始终具有颠覆眼下平静生活的力量。

让我们回到"五·四"时期。20 年代的改革者们在对待娼妓卖淫问题上究竟是应该管制、检验还是取缔意见不一,但是他们却都同意维多利亚时代的一种看法,即把它看成是人类本性的产物——尤其是男人性欲的产物。

但对于 50 年代的改革者来说,娼妓卖淫现象,是一个社会的产物。帝国主义、地主阶级和城市中的帮会势力所构成的体系是一个毒瘤,娼妓制度是这个毒瘤上一个小小的、却又是不可分割的一部分。

1958 年,上海市人民政府宣布娼妓业彻底消灭。

(图片来源:《解放日报》老照片)

本文发表于 2014 年 2 月 16 日

不合时宜的讪笑 | 依 时

【《解放日报》独家老照片】被戴高帽、当街示众,但在镜头对准他们的一瞬,还是下意识地,笑了。这三个男人,穿着长衫——这在旧时曾是断文识字者的标识。而聚在他们周围的人,或着衬衫毛衣,或着军装。新的时代已经到来了,只有他们三人还穿着旧日的衣裳,不合时宜地恭手微笑。他们的名字是:李鸿福、赵幼青、杨振寰。罪名是"讼棍"。

1949 年 11 月 1 日,上海人民法院门口。法院召开群众大会,要求讼棍三人在群众面前坦白他们欺诈人民的罪行。

会上法院秘书科长洪流首先站在凳子上,向群众说明:"我们法院本来有问事代书处,人民不论是问事,或者不识字的请求写状子,都不要钱。这些坏人却用种种借口,破坏人民法院名誉,敲诈人民金钱。"

接着,"讼棍们"一个个坦白欺骗敲榨人民的经过:"我们代人写状,五百也要,一千两千也要,一天可以弄个万儿八千。"群众中听得不满意的,就喊他们"还要坦白一点!"这样他们有的说了两次。

末了,他们都向群众请罪说:"人民法院已经宽大教育了我们,我们以前所做都是非法的,请人民原谅,以后再不做对不起人民的事了。"在他们坦白之后,洪科长宣布:将李赵二人交保释放,杨振寰因另案关系仍予还押,弄清楚后再定。围观群众皆拍掌拥护人民法院的贤明举措。

会后,法院并传讼棍们从事活动附近的两个茶馆老板,告诫他们,以后看到再有包揽词讼欺诈人民的"黄牛"活动,要随时向法院报告。

旧制度的落幕

1949 年 2 月,中共中央发布了《关于废除国民党的六法全书与确定解放区的司法原则的指示》。同年 4 月 1 日,华北人民政府根据该指示,也颁布了相关法律,彻底废除旧的司法制度。

这是见证时代变化的一年。同年 9 月,皖北各司法机关设义务撰状处,免费为人民撰拟书状,以取缔恶讼棍的敲诈剥削,并防止其从中播弄是非。

解放日报曾登文:"皖北人民法院根据各方反映与了解……各地讼棍为了渔利,更从中挑拨教唆,造成群众中若干无谓的纷争。该院计划普遍成立撰状处……不得接受人民任何财物、招待与馈赠,书状用纸由申请撰状人自备,但贫苦群众无力购买者,得用口头报告,由各该司法机关出纸作成记录代替书状,不收任何代价。"

上海人民法院亦是如此，法院正式办公之时，即已成立问事代书处，不收任何费用，负责解答任何法律问题，并为当事人代写书状，不许任何人违法"包揽词讼"。

10月26日，得知还有人在法院周边代写诉状以求获利的行径后，上海人民法院派人逮捕包揽词讼的李鸿福、赵幼青（即赵咏南）二名，并在他们身上抄出代写书状及诈取人民钱财的证据。法院当即开庭审讯，当庭收押，并在抓捕的茶社召开群众大会，要求他们在被欺骗的人民面前坦白。

27日，又续逮捕讼棍杨震寰一名，审讯后亦予收押，将连同前日捕获者，一并处理。

就在三个男人在上海街头被示众的同一天，1949年11月1日，人民解放军和胡宗南对决的"西南战役"开始，30日解放重庆。12月9日，云南、西康的国民党军先后宣布起义，两省和平解放。12月27日解放成都。

旧时代与旧制度，落幕了。

讼棍的自我检讨

或许是意识到用力过猛。

半个月后，上海人民法院院长汤镛登报自我检讨。标题为《给讼棍戴高帽子有失法治精神，决加强政策学习严格纪律教育》。文中说到：本院令赵等"头戴高帽，手敲铜锣"一事的处理程序及方式，经该院领导加以检讨，认为此种做法，与人民政府法治精神不合，亟须纠正。

"在已经解放并且已经建立了正常秩序的上海，对赵幼青等案件，单凭个别司法人员的愿望与兴趣，不采取一定的司法程序，影响所及，容易模糊社会人士对人民司法工作的正确认识。"

"特别是负责处理本案的洪流等，身为人民法院的公务人员，事先既未向领导负责同志请示，事后亦未作任何报告，不仅充分暴露了人民司法机关中无政府无纪律状态的严重存在，也会影响人民司法机关在人民群众中的威信，这在人民法院本身是完全不能容许的。"

"除责成办理本案有关人员彻底检讨并请求上级予以处分外,我们也应担负疏于教育检查的责任,一并请求上级处分。""为避免此类事件的重演,我们全体人民法院人员,决定进一步加强政策学习,提高业务水平,严格纪律教育,贯彻请示报告制度,坚决克服无政府无纪律状态。务使人民法院能够更好的镇压反动敌人和保护人民的合法权益,以回答上海人民及人民政府对本院的委托。"

当天,解放日报一版同时登文《关于处理三讼棍案件的自我检讨》。文中提出,法院应当从中得到必要的教训。

从讼棍到律师

在中国历朝历代的文化中,礼制思想中的最高理想是"无讼",任何人不管出于任何意愿挑起诉讼,都是道德败坏的蛀虫。在中国法制史中,几乎找不到比"讼棍"更富有贬义的称呼了。

他们被定义为:以包揽诉讼方式为手段,借当事人诉讼代理之名义,恶意榨取当事人钱财,或肆意歪曲事实与法律、恶意诉讼,或与法院个别腐败分子相勾结,不法侵害原被告利益的诉讼代理人。

一直到清朝末年,西方一些国家在华取得领事裁判权并实行会审公廨后,中国才有了第一批现代意义上的律师。而第一批华人律师均为留洋学生。1912 年 9 月 16 日,北洋政府颁布了中国历史上第一部规范律师执业的单行法规——《律师暂行章程》。

可以说直到 1949 年,律师这一职业被社会公认也不过三十多年。这也难怪在许多场合,人们对律师有着根深蒂固的成见,将其与街头摆摊收费为人写状的"讼棍"相提并论。

在这三个"讼棍"被示众坦白大约一年之后,1950 年 12 月,司法部发出《关于取缔黑律师及讼棍事件的通报》,明令取缔国民党的旧律师制度,解散旧的律师公会,禁止社会上旧的律师和讼棍活动。1954 年,上海正式成立"公设律师室",隶属上海市人民法院司法行政处领导。

　　此时名义上的律师被列入审判员、助审员一级的干部序列。根据 1954 年《上海市人民法院公设律师工作暂行办法(草案)中几个问题的说明》,当时的律师制度参考苏联模式,其作用"不是为了被告人的利益,而是为了社会主义建设的利益,为了我们国家的利益,而在发言中无畏地坚持自己所相信的事实而斗争。"

　　混迹街头茶馆的收费讼棍,终于被取缔了。但那些毕业于东吴法学院,或留洋归来的真正律师,却也很快发现,自己并无用武之地。

　　　　　　　　　　　　　　　　　　　　(图片来源:《解放日报》老照片)

　　　　　　　　　　　　　　　　　　　本文发表于 2014 年 3 月 21 日

1949年8月1日,少年在沪杭线直达通车仪式上剪彩。(陆顺兴摄)

胸佩大红花的日子 | 依 时

【《解放日报》独家老照片】日后的人们,已经习惯于把剪彩的荣誉交由当天到场的级别最高的领导。但站在 1949 年历史的门槛上,工人的荣誉和光芒,使其他的一切都黯然失色。

军乐队已奏乐完毕，歌咏队也已咏过一曲。

现在，安静下来的人群聚拢在三七号桥下簇新的铁轨上。站在枕木和枕木之间，少年感到手里剪刀的份量。

1949 年 8 月 1 日，沪杭线直达通车。这一天，上北站泱泱汇集了上海各界来宾、各部分主管人员还有职工代表。但在所有的宾客中，这头一份的荣誉，属于这个少年——一个普通工友的儿子。

他穿着还带折痕的新衣裳，头发沾着刨花水梳得一丝不乱。他是今天的象征。是全新的，无垢的。他的父辈们和旧时代都站在这个少年的背后，几百双眼睛注视着他的举动。

但他只是持重地笑着，露出早熟孩子的懂事和骄矜。大红和粉红的绸缎在他面前交缠成一条界线，他右手持着剪刀，左手抓住这条界线。

一列新的直达机车将从这条界线后开出。

一个让工人胸配大红花的时代也开始了。

站在彩线前的主角

从夏衍的《包身工》里走出来的底层工人，曾在如蜂房般的格子铺里蠕动着苟延残喘，是已经丧失了成年人羞耻感的"猪猡"，是非人的、是维系那些红砖厂房怪物每日运转的滋养物。

但 1949 年，历史的新一页已经翻开，不愿为奴的"芦柴棒"们等来了翻身的转机。

从这一年开始，普通的产业工人成为上海大大小小落成典礼和重要仪式中的主角。有史以来第一次，他们超越了自己的老板和工头，站到了聚光灯下。身上的伤痛和手中的老茧就是他们的战斗勋章。现在，是这些无言英雄授勋的时刻——

1949 年 8 月 1 日沪杭线开通，由普通的工友之子剪彩；10 月 14 日申新九厂废除抄身制仪式，由老年工人劳模徐阿金和布厂红旗竞赛冠军张根弟剪彩。

1951 年 1 月 15 日中山东一路以及淮海中路翻修工程完成，工友毛阿寿剪彩；2

月 6 日上海海员俱乐部揭幕,由海员支前劳模梁石民剪彩;7 月 4 日高桥海滨游泳场开放,劳模钟明月剪彩。11 月 24 日,国棉二厂专设职工业余休养所及营养食堂,电汽间老工人姚介兴剪彩。

日后的人们,已经习惯于把剪彩的荣誉交由当天到场的级别最高的领导。但站在 1949 年历史的门槛上,工人的荣誉和光芒,使其他的一切都黯然失色。

在中山东一路以及淮海中路翻修工程的通车典礼上,大会是由失业工人救济处主持的,讲话的是参加工友代表刘湧湧和俞继笠。会后,八、九辆大卡车载满了工赈工人及来宾,巡视了这两条修好的马路,沿途还由公交及汇明电筒厂的军乐队吹打庆祝。报纸上关于当天该活动的报道这样写道:"真是新上海,新马路,一片新气象。"

工人,曾是这座城市里被侮辱与损害的一方,是亟待被解救和被唤醒的力量,同时也是生发和领导革命的动力,并在今后将改变这城市的方向。当把极具象征含义的剪彩剪刀交付他们手里,毫不迟疑的,是"喀嚓"一声。

与旧时代决裂。

"抄身制度来取消/光荣门,大开放/五彩电灯门上挂/爆竹腰鼓喧闹忙。/大家得意洋洋回家转/告诉爹娘多欢畅/人民政府好贤明/提高工人地位不说谎/现在我们各个都是大老板/真正要把家来当。"

这是 1949 年 12 月,中纺十九厂乙班浆纱间工友创作的一首《翻身歌》。

此时距离上海解放已经过去半年有余,时代的变革,让上海工人的思想也开始发生变化,从前他们不敢考虑未来,也无力谋划当下。但现在,他们开始自觉思考自己的地位,以及未来发展的方向。

这一年 10 月,53 岁的纺织女工陈高氏阿大被请来做国棉四厂取消抄身制度开门典礼的剪彩嘉宾。这名出生于 1896 年的女性,经历了清王朝的覆灭、见证了抗日战争、目睹过汪伪政府、送走了国民党政权,是中国现代意义上第一批走出家庭的职业女性。

图一：1949 年 10 月 15 日。53 岁纺织女工陈高氏阿大在国棉四厂取消
　　　抄身制度开门典礼上剪彩。（俞创硕摄）

图二：国棉四厂取消抄身制度开门典礼。（俞创硕摄）

现在,她作为女工中德高望重的前辈,被请来翻开历史新一页。

一双小脚支撑着她稳稳地站在厂门前。她的身旁,一边站一位年轻的女工执带。她们都穿了旗袍、烫了头发,宛如新嫁娘。

旧彩门还是解放门

这一年,似燎原之势,沿着苏州河一路向东,上海的各个工厂都纷纷举行了取消抄身门的仪式。翻出当年的《解放日报》,我们从一封读者来信中发现了一个有趣的故事:

1949 年 12 月 12 日,在中纺十一厂内举行了工会的成立大会。会上,新的工会执委会决定宣布"抄身制永远废除"的决定。

织布女工吴宝娟说:"过去晚间放工时,家人在外等我,我在里面被搜身,真难为情。我一心想什么时候能不抄身就好了⋯⋯今天到底熬到了!"

得知这项侮辱制度的废除后,日班的工友们各个决定募捐买鞭炮彩纸庆祝。职员们则出钱请总公司的乐队来给工友们贺喜。工人们决定当天下午举办庆祝仪式。

这时候,一个有意思的细节出现了——大部分人建议请匠人扎一个旧式彩门。但工友朱光才提议:"今天我们办新喜事,扎旧彩门太不像话,我们还是自己动手吧"。最后的主意定了,按照天安门的样子,扎一个"解放门"。

各车间里抽出了七八个人。木匠曹庆松爬到门楼上去竖国旗和挂毛主席像、红星,一直弄了三个钟头。电灯间全体出动,一小时左右装了二百多盏彩灯。三点多,松枝送到了,男男女女,你扎我绑,不到一小时,庄严美丽的"解放"大彩门落成了,曹庆松看着新彩门,高兴得什么似的,扛起了大铁锤,领着工友们,就往抄身门跟前跑去,大家举起大铁锤,一锤一哼,用平生最大的力,把所有的抄身栏砸碎。

巷里刮着阵阵的寒风,前面几班的工友已经下班了,但大家还耐心的等着走大门。五点半,厂长宣读了永远废除抄身制度的布告,并向工友们祝贺。青年团员的口号和歌声交织一片。"共产党万岁!""毛主席万岁!"

厂长与老工友朱正林剪彩。红线一断,四面八方传来"解放了!""解放了!"的声音。

工友郑亚东记得:这个傍晚,解放大门开了,青年团员打着腰鼓,扭着秧歌,在前面开路,全体工友排着队,高举鞭炮,迈着轻快的脚步,自由自在地走出了解放大门。

同一年,《解放日报》记者张曼在下车间采访时,工人老黄编了这样一段"诗"给她听:

"从前阿拉工人不值钱/人家都当垃圾看/工人的话能登在报纸上,那是比上天还难";"从前是给人家当牛马/今天为我们自己干/从前一天的活干三天/现在三天的工作一天完"。

(图片来源:《解放日报》老照片)

本文发表于 2014 年 4 月 6 日

1952, "跑马厅"的消失 | 王 海

【独家老照片】在接近一个世纪的历史中,跑马厅不仅是在华西人的娱乐场所,更是宣示殖民权益的政治表达空间。直到1952年,作为远东第一大都市城市核心公共空间的跑马厅,才从上海地图上被抹去,而代之以更具"时代感"的人民广场和人民公园。

1952 年 6 月 3 日，上海人民公园建园工程开始。7 天后，解放日报摄影记者来到施工现场。今天本文所配的两张照片，正是当日摄制。资料记载，开工后不久，上海即进入梅雨季，绵绵雨情长达 27 天，直至 1952 年国庆前竣工，期间更经历了三次台风侵袭。

照片画面上阴云密布，泥泞感十足，两幢标志性再显著不过的地标建筑——国际饭店和跑马厅的钟楼，在远处静默地注视着现场的纷杂。100 天后，作为远东第一大都市城市核心公共空间的跑马厅，将从上海地图中被抹去，而代之以更具"时代感"的人民广场和人民公园。作为跑马厅遗留物中最闻名遐迩的钟楼（跑马总会行政大楼），也将在两年后的 1954 年 5 月 31 日，成为上海市图书馆，完成从殖民象征到社会主义劳动者所有政治文化空间的嬗变。

这一刻，距离跑马厅的诞生，整整过去了 90 年。

1862 年的某日，一名叫霍格的英国人——彼时在上海捞世界的霍格有三兄弟，此不知为哪位"霍格"也——策马扬鞭，沿泥城浜（英人为防小刀会战火蔓延，沿自然河道开挖的深浜，后填浜筑路，即西藏路）起，向西沿"上海驱车大道"（今南京西路），再向南到芦花荡（今黄陂路），到周家浜、洋泾浜交汇点（今市工人文化宫），再沿泥城浜回到起点。就像我们在美国西部片中看到的场景那般，霍格马蹄踏过之处，均打上木桩围起来。那天共有 466 亩土地尽入霍格"彀中"。

轮回故事里的桥段总是惊人相似。此地块包括一个 70 余户的自然村和数十家农户的祖坟。在清政府的强压下，霍格等人以低价强征此地。虽然在此后的几十年里，仍有零星抗争，但号称远东第一的上海跑马场很快建立起来。在所有不服强权的钉子户里，有一家许姓农民，坚持不肯将祖坟迁走。或许在跑马总会董事那里，那一刻"猎奇"心态使然，该许姓祖坟并未遭到强迁，在此后的几十年里，成为跑马厅内的一大奇观。

在跑马厅落户上述地块之前的十多年里,上海跑马会曾经三易其地。前两次都以霍格等人炒卖房地产牟利而终结。1850 年,霍格等 5 人组织跑马会,在现南京东路、河南中路交界,以每亩不足 10 两银子的价格"永租"土地 81 亩,开辟了第一个跑马场,俗称老公园,跑道直径 800 码(731.52 米)。由于场地太小,骑手经常把马骑到外边的泥石路上,人们把这些路称作"马路"——或许这就是称城市道路为"马路"的由来。1854 年,因地价飞涨,霍格等将老公园土地分 10 块,以每亩超过 200 两银子的价格卖出。又从浙江中路南京路两侧以 9700 两银子的代价,圈地 170 亩建造了第二个跑马场,称新公园。湖北路、浙江路、芝罘路、西藏路、北海路,形成一个环路,即当年第二个跑马场的原址。1861 年,霍格等又以 100036 两银子的价格高价出售新公园,获利十倍。

在跑马会成立 80 多年后,上海滩出现了一个奇人。1934 年,上海《新中华》杂志以《上海的将来》做主旨征文。哲学家李石岑预言:"跑马厅改为'人民公园',成为人民集会的重要场所"。另一名叫潘仰庵的先生则预言"在跑马厅建一大图书馆,可容两万人"。在预言的当年,李石岑在贫病交加中去世,年仅 42 岁。李的"奇"还在于,在他去世前一年上海青年会举办的纪念马克思逝世 50 周年的学术讲座上,他不顾白色恐怖的威胁,作了题为《科学的社会主义哲学》的演讲,大胆预言"经过若干年军阀混战之后,又经过几次暴动之后,中国必然的走上科学的社会主义之路"。

在接近一个世纪的历史中,跑马厅不仅是在华西人的娱乐场所,更是宣示殖民权益的政治表达空间。在 1920 年代,每逢美国国庆日,美国海军陆战队会在场内举行大型操演和升旗仪式。而令普通上海人印象深刻的狂欢,则来自两次盛大的英皇加冕盛典庆祝:1911 年和 1937 年,英皇乔治五世和乔治六世(伊丽莎白二世女王之父,电影《国王的演讲》原型)登基,跑马厅连续多日欢庆,轰动沪上。

当然,跑马厅有时也能作为某些"成功华人"彰显身份的场所。1936 年,上海大亨虞洽卿 70 大寿暨西藏路改名为"虞洽卿路"的庆祝仪式,就放在跑马厅。

随着中国在二战中获胜,殖民势力在中国的式微已不可遏制地显现。1946 年,20 万人在跑马厅集会欢迎蒋介石。当年,国民政府明令跑马总会出售"香槟券"(彩票)属于赌博行为,将不予开市。次年,国民政府启动收回跑马厅事宜,跑马总会亦联络当时的上海市市长吴国桢,同意有条件地置换出跑马厅的土地。但旋即中国陷入内战,诸事搁置。

1951年8月27日,陈毅和粟裕签署命令,令市军管会将跑马厅土地所辖"南京路以南,西藏中路以西,武胜路以北,黄陂路以东"全部收回,作为"市有公地"。再朝前回溯三周,1951年8月6日,上海市委宣传部已经打报告给上海市副市长潘汉年,建议收回跑马厅后建立相关管理委员会,办理如下事宜:横贯东西设立50米宽的市委游行跑道,建立检阅台;跑道南段设立永久性阶梯式会场,供5到10万人的群众大会;利用跑马厅钟楼部分及东部马路边沿,设立文化宣传的固定场所;保存跑马厅北部、中南部中央为大草坪,并开辟一条垂直林荫道。

上述建议的核心部分在日后人民广场和人民公园的建设中基本得以实现。

1952年1月20日,上海市工务局下达建设人民公园工程计划任务书,公园面积为18.85万平方米,建设投资为26万元。建园工程由上海市工务局园场管理处程世抚为主,吴振千协助做总体规划,主要设计人员吕光祺、徐景猷等。按照经济、美观、实用的原则,采取自然风景园的形式,山环水绕、高低掩映。为求节约,建筑多采用竹木结构,造型为传统的形式。园内保留了原跑马厅的一些遗迹,如游泳池、看台、球场以及一根高38米、底部直径50厘米的旗杆等。

施工中,共出工4.92万人次。完成了土方工程4.64万立方米,挖掘深3~5米、宽12米的河道1200米,平整土地4500平方米,铺设道路2.56万平方米,架桥5座,铺植草皮7.37万平方米,种植树木1.34万株。建园所用的248吨假山石,多是市民捐献的。不少机关、团体和个人向公园赠送名贵树木,总数达两千余株。据报载,由于施工人员认真负责,在炎热气候下移植的树木成活率达到96%。

淅淅沥沥的雨声浸润中,1952年9月25日,人民公园工程完工。一周后正式开园。

新的时代来临了。虽然从那之后至今,跑马厅时代奠定的上海城市中心的地理格局从未更迭,但新时代的人们已然拥有了表达自我诉求的空间,那份独特的感觉,即便在跑马厅岁月里曾有过"华洋同乐"的瞬间,亦非同日而语。

(图片来源:《解放日报》老照片)

本文发表于2014年4月13日

跑马厅最后的骑师 | 王 海

　　【老照片后续】上周,《解放日报》独家老照片系列刊发了《1952,"跑马厅"的消失》一文。文章刊登后,一位当年跑马厅头号骑手的后人找到作者,提供了大量珍贵老照片,并回忆了那个年代,父亲在马背上驰骋风云的英姿。

1973年,仲夏夜。上海军工路,柴油机厂。62岁的邬志远从食堂用过晚餐后,独自走进职工浴室。如果一切正常,沐浴之后他将和平日一样骑自行车回到自家在虹口的蜗居。但这一天他没能自己走出浴室。几小时后,常日班下班的同事发现了倒在浴室冰冷水泥地上的邬志远。急性脑溢血已夺去他的生命。

几乎没有人知道,邬志远是当年叱咤上海滩的跑马厅头号骑师。在1945年春季那场事实上宣告跑马厅"竞赛生命"终结的"大香槟比赛"中,邬志远驾驭"神奇的亨得利"率先冲过终点。这是邬志远个人骑行竞赛史上最后一个冠军,也是跑马厅接近90年历史上产生的最后一项冠军。

当年9岁的邬爱迪在跑马厅看台上目睹了父亲夺冠的那一幕。题图这张由邬家保存了60多年的照片,忠实记录了夺冠当日,"神奇的亨得利"(Huntley Marvelous)的主人——上海亨得利表行的少东家手牵头马,在跑马场的草坪上当众巡游的场景,马上邬志远装备未卸,面带微笑。照片的右上角的画中画,则是邬志远冲过终点线的瞬间。

邬爱迪记得很清楚,那次比赛的前三名中,"亨得利出品"的占了两位。亨得利表行另一名少东家的马匹"亨得利摩凡陀(Huntley Mavado)夺得季军。

图一

　　图一上,几乎是哥哥复刻版的少东家肤色黝黑,露出由衷的笑意。身后,他雇用的骑手异域之貌显而易见。邬爱迪回忆,这位骑手名字叫埃夫诺德,如果他记忆没错,应该是葡萄牙人。埃夫诺德的年龄比自己的父亲稍长。最后一次"大香槟赛"的亚军同样是一名中国人王青连(音),年纪也长于邬志远,当日驾驭的"Lotus(莲花)"骏马毛色雪白,微微夹杂一点咖啡色,属于汇丰银行的一名高级职员。被邬爱迪称为"伯伯"的王青连 1949 年前夕离沪赴港,后来据说在一次赛马中摔下宣告不治。

　　邬志远家族和上海跑马场的渊源从贩马开始。这个来自宁波的家族,从上个世纪初即开始从张家口往返于上海之间,从事马匹买卖贸易——邬家其实就是上海跑马场的供应商兼经营骏马的 4S 店。受家族生意影响,邬志远的五个兄弟里,有四个先后成为跑马厅的骑师。

　　图二照片下方是一张成绩单,记录了 1944 年 5 月 14 日"第一届春季赛马"第二天第九场比赛的赛果。当日的赛程为"九弗隆",大约 2000 米不到。邬志远和"神奇的亨得利"夺得冠军,他的英文名字缩写是 T. Y. WOO,而第二名得主正是他的同胞兄弟 T. C. WOO 邬景周,驾驭马匹名唤"铁魂(Iron Spirit)"。邬氏兄弟当天狂揽奖金合计 45000 美元。当然,奖金的归属是马匹的主人。

　　1944 年每盎司黄金等值于当时的 35 美元。今日每盎司黄金价格如果按 1200 美元合计,1944 年的 45000 美元约相当于今日的 154 万美元。

图二

邬志远的辉煌赛马生涯从图三中可窥见些许端倪。

图三

这张显然是由马匹的主人题赠给邬志远的照片,落款日期是 1945 年 5 月 25 日——正临近跑马厅的"黄昏"。邬爱迪还记得,照片上的 Divy 夫妇是犹太人。照片的左上角,英文说明非常牛逼:在(1945)3 月 30 日到 5 月 12 日的六周内,Divy 的爱马"小金(Little Gold)",八次出场,八次获胜(8 Start,8 Win)。

邬志远的辉煌赛马生涯并不仅仅止于上海。资料显示,湖北汉口赛马之风始于 1902 年西商跑马场初建时,历时近 50 年。1930 年代,汉口赛马最疯狂时期有三个跑马场同时开赛。

1936 年邬爱迪出生不久,邬志远即挈妇将雏远赴汉口。这之前邬志远的骑师生涯已经从

邬爱迪全家福

上海起步,邬爱迪母亲,一位在沪广东大家族的千金,正是在上海跑马厅的看台上初识了邬志远一骑绝尘的雄姿。当年"自由恋爱"之风日炽,大小姐主动追星,遂成一段佳缘。

大小姐的"新潮做派"还体现在对孩子的取名上,按照家谱排名,邬志远下一代名氏里,中间的那个字应为"孝",但邬太坚持认为"邬"与"孝"搭配不够大气——俩人之后生育的七个孩子全部以"邬爱X"名之。更深层次的原因可能还得从大环境去考量,辛亥革命后,很多传统的东西被打破。前文述及那位与邬志远同场竞技的兄弟 T. C. WOO 邬景周的取名,也没有严格按照"志"字辈排列。

邬志远当年什么原因离开上海,不得而知。他在汉口的事业,目前仅能从有关汉口租界的回忆文字中瞥见鳞爪:"赛马每逢春秋两季进行,分别称为春赛与秋赛,每次赛马约 7 天……骑师的技术则占到获胜的三成因素。骑师不分国籍,业务、专业兼有。当年著名的骑师有英国人何介德、奥地利人韦耀章、韦伯华等。最出风头的骑师则是何国标、邬志远、汗梅滔等。他们年轻体壮,技艺甚高,马主争相延聘。"

1940 年,因为第二个孩子即将出生,加之家族大部分人均在上海讨生活,邬志远全家回到上海。此时上海跑马厅内的比赛依旧如火如荼,但华人依旧属于马会的"边缘人物",在当时英美人控制下,只有极少数的华人大班。但邬志远是骑师,不受此规定影响。

1941 年,太平洋战争爆发,日军进入公共租界。1943 年,汪伪政权接手跑马厅事务,开始较大尺度开放华人入会。在邬志远的雇主名单上,陆续出现亨得利少东家这样的华人。

目前能够从网上查阅到的公共资料,对上海跑马场从 1940 年代直至 1945 年抗战结束这段时间的表述语焉不详,实际上这段时期赛马不仅没有停滞,而且正进入"最后的疯狂"。马匹的主人,不仅有华人资本家、洋买办,也有 Divy 夫妇这样被日本人的轴心国盟友四处杀戮却在上海安然觅得避风港的犹太人。

邬爱迪回忆,他的父亲身高一米六左右,正是驾驭"口马"(来自张家口,个矮,耳大)的绝佳体型。当年马会不仅对参赛的马匹有严格的选拔标准,对参赛选手包括装备的重量也有严格规定:大约在 150 磅到 158 磅之间才可上场比赛。邬志远因为体重过轻,经常在比赛的马甲中填入气枪铅弹,达标后方被允许上场。

自幼混迹马场,邬爱迪对各类马匹的特性如数家珍,什么样的马适合跑"长路",什么样的适合"短路、烂(泥)路",时隔多年依旧津津乐道。

邬志远五兄弟的家在江阴路,与跑马厅一路之隔。因为父亲职业的缘故,年幼的邬爱迪经常在竞赛日从骑师休息处的边门溜进马场,被相熟的看客拉进包厢观赛,休息日则在马场的赛道上没头没脑地狂奔。

最后一次"大香槟赛"后,二战战事告急。跑马厅赛马谢幕,从此再无"蓬头"可起。之后,邬志远一度去香港,试图延续钟爱的赛马事业,但未果。曾随父亲同去香港的邬爱迪说,香港马场的马匹与"口马"截然不同,属于高头大马,适合欧美体型的骑手驾驭。在香港一次比赛中,邬志远从马上坠落受伤,不得不打道回沪。

邬志远的赛马生涯戛然而止。需要指出的是,赛马并非他的主业,在非竞赛日,他一直是大中保险公司的职员。1949 年前夕,邬志远进入国民政府物资管理部门工作,解放军进城之后,他工作的场地被征用成为上海柴油机厂。

邬氏家族关于速度的故事在邬志远这里画上了句号,却在邬爱迪那里悄然开始。

邬爱迪教授近影

　　1948 年,12 岁的邬爱迪参加了国民政府最后一届全运会小学生组的短跑比赛。

　　多年之后,邬爱迪成为新中国第一批跨栏运动员,主攻 110 米栏。之后,邬进入上海体育学院深造,退休前为体院田径系教授,学界权威。

(本文照片由邬志远先生之孙邬宏江提供)

本文发表于 2014 年 4 月 13 日

上海建筑的文革记忆 | 读史老张

【地标记忆】"文革"期间,"四人帮"及其党羽在上海的阴谋活动,波谲云诡,行踪隐秘。他们的活动场所大多高深莫测,云山雾罩。如今,这些场所褪去了神秘面纱,有的成为向公众开放的宾馆会所,有的成了历史保护建筑。这里,我们不妨梳理几处"文革"初期,"四人帮"及其党羽在上海活动的场所,这些场所足以写进"文革"初期的上海史。

丁香花园位于华山路 849 号,传说是李鸿章藏娇之地,由李鸿章委托盛宣怀置办,为李鸿章第九房姨太太丁香居住(也有称此说不成立,为李鸿章之子李经迈住所)。丁香花园建于 19 世纪末 20 世纪初,产权归李经迈,后由李经迈之子出售,几经易手。

解放后,丁香花园成为上海市委机关招待所,陈毅、潘汉年和刘亚楼等领导人在此住过,中共中央华东局也曾在此办公。1963 年,上海市委第一书记柯庆施决定加强意识形态领域的阶级斗争,成立专门的写作班子,撰写大批判文章,抽调了各单位的"笔杆子",组成市委写作班,地点设在丁香花园。

市委写作班下设文学组,主要笔名"丁学雷",为"丁香花园学雷锋"之意,由市委宣传部文艺处干部徐景贤负责。"文革"中,上海师范学院(现上海师范大学)政史系一位青年教师曾批评写作班住在丁香花园,用"丁学雷"笔名不妥,"无产阶级革命大批判组怎能用卖国贼小妾的姓氏呢?"结果以"炮打无产阶级司令部"的罪名被隔离审查。

写作班另有一个历史组,笔名"罗思鼎",寓意"做一颗永不生锈的螺丝钉",由复旦大学历史系教师朱永嘉负责。另外,写作班还有其他笔名如"石一歌""康立"

等。在"文革"前夕和"文革"中,"丁学雷"和"罗思鼎"们频频开炮,写出了一篇篇"重量级"批判文章,把全国思想文化战线搅得昏天黑地。

除了用作大批判文章的署名外,"丁学雷"一度还是徐景贤操纵的市委机关代名词。1980年最高人民法院特别法庭审判"林彪、江青反革命集团案"时,曾就"康平路武斗事件"出示了一份证据:1966年12月康平路武斗事件发生后,30日12时,张春桥给市委"丁学雷"来电:"把斗争口号提得响一些,观点鲜明一些,曹荻秋是12?30事件(康平路武斗)的罪魁祸首。"

徐景贤接电后,以"丁学雷"的名义,将情况通报给了"上海工人革命造反总司令部"(简称"工总司")头头。可见,此时的"丁学雷"已经变得杀气腾腾、不可一世,早已不是文弱的"笔杆子"了。

武康路 2 号

"文革"前夕,市委写作班搬到了与丁香花园一墙之隔的武康路 2 号,写作班的另一个笔名"康立"即与此有关。

武康路 2 号原为"丝绸大王"莫觞清故居,是一幢建于 1922 年的经典洋房。莫觞清是浙江吴兴人,曾为上海缫丝业最大的资本家之一。据说莫觞清还是茅盾小说《子夜》里吴荪甫的原型人物。

1965 年,武康路 2 号迎来了一个有着深厚背景的"实力人物":姚文元。年初,江青通过张春桥找到姚文元,要求撰写批判吴晗新编历史剧《海瑞罢官》的文章,江青强调要保密,姚文元就躲到武康路 2 号市委写作班,徐景贤为他专门辟出二楼作为写作室。

姚文元得势后,这间写作室还被徐景贤保护起来。1965 年 11 月 10 日,姚文元《评新编历史剧〈海瑞罢官〉》在上海《文汇报》发表,点燃了"文化大革命"的导火索。

"文革"战火初起,武康路 2 号成为以徐景贤为首的"市委机关革命造反联络站"。1966 年 12 月 27 日,已成为"中央文革小组"成员的姚文元从北京打电话给徐景贤,煽动向上海市委、市政府夺权。当天晚上,徐景贤在二楼玻璃棚阳台上主持召开市委机关造反派骨干会议，积极筹划夺权，会议一直开到深夜才结束。

据徐景贤回忆，会议完毕，造反派头头们异常亢奋，不敢高声喊口号，但唱起了歌，"我们唱得很轻、很轻，"因为隔壁一幢楼里，还住着一位市委书记和一位部长。"我们不想惊动他们。"

1967 年 1 月，张春桥、姚文元两人从北京返沪，在武康路 2 号接见了徐景贤和"工总司"头头王洪文和潘国平等人，密谋策划召开"打倒以上海市委第一书记陈丕显、市长曹荻秋为首的上海市委"的夺权大会。1 月 6 日，这场夺权大会在人民广场召开。从此，开始了席卷全国的"一月夺权风暴"。

这里还有一个插曲：夺权大会原定由"工总司"二号人物潘国平主持，一号人物王洪文发言，但临到开会时，潘国平不见了，只能再找人代替主持。大会开到一半，潘急匆匆赶到，说："我一个人睡在武康路 2 号三楼的小房间里……睡过了头。"

兴国招待所

兴国路 72 号兴国招待所，位于兴国路、华山路、湖南路三条马路环绕的三角形大花园内。1932 年租界当局修筑雷上达路（今兴国路）后，在此陆续建造了数幢欧陆风格的建筑，均为洋行大班和职员居住。

解放后，这里一度成为卫生干部学校所在地。1956 年划归市委办公厅招待处，名为"兴国招待所"，主要接待来沪的中央领导。1979 年，兴国招待所对外开放，改名为"兴国宾馆"。

1967 年 1 月 4 日，张春桥、姚文元以"中央文革小组"副组长和组员的名义，从北京飞抵上海，他们没有告诉上海市委第一书记陈丕显，也没有住进康平路市委大院，而是住进了兴国招待所 5 号楼，一是表明与上海市委领导划清界限，二是便于秘密策划"打倒上海市委"的夺权大会。

1 月 6 日，在人民广场举行的夺权大会上，张、姚二人并未露面，而是布置徐景贤进行电视实况转播，他们则躲在 5 号楼，一边观看电视实况转播，一边遥控指挥。

张春桥在 5 号楼居住时，一度把妻儿也接来同住。他一般不在这里召开闹哄哄的会议(会议主要在武康路 2 号和锦江饭店举行),只在此个别召见造反派小兄弟,对策划动乱面授机宜。夺权大会结束后,徐景贤多次到兴国招待所向张春桥、姚文元汇报。

张春桥、姚文元还在兴国招待所玩过一次"空城计"。1967 年 2 月 5 日,上海各造反组织在张春桥、姚文元的策划下,宣告成立仿照巴黎公社的"上海人民公社",但并没有得到中央的首肯,《人民日报》和新华社均未发布消息,一时谣言四起。

张、姚慌了手脚,赶忙飞赴北京探听虚实。临行前,张春桥告诉徐景贤,不要向外界透露,以防外界对张、姚地位不稳的流言和猜测,更不能给"炮打张春桥"制造口实。于是,徐景贤每天还是像平常一样往兴国招待所跑,造成张、姚仍在上海的假象,同时向在北京的张春桥密报上海动向。

一星期以后,直到"一月夺权"得到肯定(将"上海人民公社"改名为"上海市革命委员会"),张春桥、姚文元才志得意满地回来。

上棉十七厂

上棉十七厂位于杨树浦路 2866 号,原为日本大阪东洋纺织株式会社的上海工场,建于 1921 年,1936 年改称裕丰纺织株式会社。解放后,这里成为上海第十七棉纺织总厂(又称"国棉十七厂")。厂内建筑由日本设计师平野勇造设计,清水红砖墙面、锯齿型屋顶和弧形券窗构成了厂房的主要结构特色。如今,这里已经改建为上海国际时尚中心。

上棉十七厂是王洪文造反起家的地方。王洪文原是上棉十七厂的保全工,后来当上了保卫科干事。"文革"初起,王洪文瞅准时机,效仿北大造反女干将聂元梓,把自己与一帮造反派反锁在保卫科办公室,彻夜密谋,贴出了十七厂第一张"炮轰厂党委"的大字报,受到厂党委的批评和工人群众的指责。

1966 年 6 月,王洪文在保卫科门口被工人群众围攻,后被工厂技校的红卫兵救驾。

几年后,他策划组织编写了《上棉十七厂无产阶级文化大革命大事记》,鼓吹上棉十七厂是"文革"工人运动的"发源地"。还特别强调，与厂党委的那场冲突"要详细记载"，并提出要把十七厂夺权时间从 1967 年 1 月 29 日改为 1966 年 11 月 4 日，称十七厂是全国夺权最早的单位，把自己标榜为"一月革命先驱"。

"工总司"成立后，王洪文呼风唤雨，发动"安亭事件"、"康平路事件"，揪斗上海市委领导人。1967 年 1 月 12 日，张春桥、姚文元和王洪文等再次组织批判大会，揪斗陈丕显、曹荻秋等上海市领导，会后，王洪文采取闪电行动，将陈丕显等人非法关押。

据陈丕显回忆，"车子七拐八绕，把我带到一处地方关起来"，"一夜辗转反侧难眠，听着墙外轧轧作响的机器声，我猜想自己被关押的地方是个棉纺厂。""后来我才知道，那天关押我的地方正是棉纺厂，是王洪文起家前的'老窝'上海国棉十七厂。"从此，陈丕显身陷囹圄长达 8 年，曹荻秋后被迫害致死。

王洪文当上上海市革命委员会副主任后，还兼任上棉十七厂革委会主任。1968 年 9 月 14 日，张春桥、姚文元和徐景贤在王洪文陪同下来到上棉十七厂，召开整党建党座谈会，亲自把上棉十七厂树立为"文革"中的"红色堡垒"。

报刊上发表了通讯《"红色堡垒"里的革命火车头——记上海国棉十七厂最早杀出来的六个共产党员》，把王洪文塑造成"造反英雄"、"革命火车头"，从此，王洪文在全国名声大噪。党的"十大"时，他从"造反司令"一跃而为中共中央副主席，张春桥在接见上棉十七厂代表时夸奖说："十七棉出了一个王洪文！"

王洪文对这段造反经历一直洋洋得意，在其授意下，他用过的办公桌、木椅、文件柜都被原封不动地保留下来，连办公桌玻璃板下压的一张选民证也被当作"文物"。1973 年 10 月王洪文升迁后，上海余党王秀珍还组织一帮喽罗骨干专程到这里瞻仰，称进行"革命传统教育"。

1975 年 10 月的一天，王洪文来这间办公室"视察"，对周围人说："这个办公室是有意义的。"然而，一年以后，上棉十七厂内就贴满了揭批"四人帮"的标语和漫画，王洪文要把他的办公室当作"圣地"保留的美梦彻底破灭。

本文发表于 2014 年 4 月 23 日

"麦根"的迷宫 | 王 海

【《解放日报》独家老照片】麦根路,在上海租界时代一众具有殖民色彩的道路名称里,不算抢眼,甚至今天都无法准确找出它的来源。但这条马路堪称上海近代道路命名史上,无出其右的一朵"奇葩"——今天,上海的六条马路都曾经是"麦根路"的一部分:石门二路、康定东路、泰兴路、西苏州路、淮安路以及秫陵路。

"在沪西苏州河上,正在建造一座长寿桥。这座桥梁完成后,可使沪西各工厂与麦根路车站之间的物资运输更加便捷,同时也解决了工人们每天上下工时的交通困难。"1952年5月28日解放日报第5版上,刊登了如图的新闻照片。

这座桥是上海1949年之后建造的第一座架于苏州河之上的桥梁。原桥毁于二战日军战火。1951年,市工务局投资人民币376万元,当年开工,1953年竣工。然而,当我从解放日报上这则短短的图片说明入手,试图找到更多与长寿路桥有关的资料时,却不经意间陷入一个"麦根迷宫"。

麦根路,即Markham Road,在上海租界时代一众具有殖民色彩的道路名称里,不算抢眼,甚至今天都无法准确地找出其来源。但这条马路(精当地表述其实不能算"一条",且看后文),堪称上海近代道路命名史上无出其右的一朵"奇葩"——今天,上海的六条马路都曾经是"麦根路"的一部分:石门二路、康定东路、泰兴路、西苏州路、淮安路以及秣陵路。

其中,前五条扎堆于静安区相对集中的一个区域,历史上隶属公共租界,分别"麦根"过还好理解,"秣陵路"在如今上海火车站,向来属于华界的一部分,何以"麦根"名之?

资料显示,1900年,闸北商埠开辟,8年后,沪宁铁路通车,由此将吴淞江的水路运输与铁路联接。为应对新兴的铁路经济,原码头挑夫中的部分跳槽铁路。1913年,由英商控制的铁路货站成立。

由于货主大多来自租界,而从货站通往租界,必经麦根路(如今的石门二路最北段),故闸北华界的货站,遥遥地与公共租界的洋名攀了亲,取名"麦根路货站"。而连接货站和麦根路的桥也就被叫做"麦根路桥"(如今的恒丰路桥原址)。

不过,"麦根路货站"的胃口显然不止于此。1921年,货站南侧的道路筑成,名为"金陵路",也就是今日的秣陵路(1947年因与黄浦金陵路重名,改为"金陵"的古称"秣陵"),货站方面不顾正宗"麦根路"位于公共租界的事实,大喇喇将"金陵路"称为"麦根路"——麦根站前麦根路嘛。

在如今能查阅到的有关上海道路沿革的资料中,在"麦根路"对应"秣陵路"的这一栏旁边,有个备注"习称",意即"习惯称谓",约定俗成也。之前有人著文曰:

"麦根路货站"因其设于上海麦根路上而得名,不确。

而闸北的"麦根情结"还能从某些片段中瞥见。闸北原有麦根路球场,位置在中山北路共和新路原上海铁路中学球场,1920 年代经常作为华人足球队与洋人球队竞技的主场。当年圣约翰大学与南洋公学的"上海同城德比"大战,连续 11 年都放在麦根路球场进行。此球场的地理方位更是与正宗"麦根路"远开八只脚。

受"麦根情结"以及麦根路历史上芜杂多变的面孔所累,后世不少文章在提及"麦根路球场"时,往往吃药——作者常在括号里注明"今淮安路"。

麦根路站启用后,原先附近的自然村落陆家宅、谭家宅和沈家宅逐渐瓦解,蕃瓜弄和麦根路站附近依苏州河而居的潘家湾、谭子湾、药水弄等兴起。这片后来被称为上海最大"贫民窟"的区域里,聚集了大量来自苏北和湖南农村的挑夫,基本以吃"麦根饭"为生。

1990 至 2000 年前后,市政动迁从地图上永远抹去了"麦根站"最后的痕迹,代之以"中远两湾城"。

麦根路货站就是今天铁路上海站的原址。在如图所示的长寿路桥落成的当年,"麦根路站"改名为上海东站,终结 40 年殖民色彩名字。

闪回。就在闸北以"麦根"自嗨的同时,"麦根路"依然在西区公共租界以法定的名义存在。而这条马路的发轫要追溯到 1862 年。当时美国人华尔组织"常胜军"效力于清政府,镇压太平天国,与太平军转战于沪苏一带,并在上海租界以外华界地面修筑许多军路。1863 年,太平军退出上海后,工部局即将这些军路修筑为马路,名为新闸路、麦根路(今石门二路底)、极司非尔路(今万航渡路)、徐家汇路等。

可见,如今的石门二路北段是"麦根路"的萌芽。之后麦根路在租界当局的扩张下,朝西不断吞并新版图。

1920 年 9 月 20 日,张爱玲出生在麦根路 313 号一幢建于清末的仿西式豪宅中,这个地址如今对应的是康定东路 87 弄,临近恒丰路桥。这里正是麦根路西进蚕食的起点,也是辛亥革命前的一八九九年,李鸿章、盛宣怀、贝润生等人,自境内租界起,纷纷购置和租赁静安一带的房产,向银行、钱庄贷款,投入房产开发的起点。

"麦根路"的痕迹仔细寻觅依旧可见一斑。现存的老宅泰兴路703弄就是以前的"麦根里"。

如果比照今天的上海地图,麦根路的成长曲线是这样的:石门二路朝西——康定东路——朝北——泰兴路——朝北——西苏州路——朝西——淮安路——江宁路。租界时代的麦根路,鼎盛时期长度约4000米,如今"散落"在前述5条马路的总长度不足原来的一半。江宁路淮安路以北的"麦根路"路段已湮灭无影。

旁逸斜出的东西有时比主干更令人朵颐。在考据麦根路历史时,我发现了这段史料:上海铁路博物馆里有一块麦根路货站的铜牌。麦根路货站运转之后,随着货运量增加,大量劳力涌入麦根站讨生活。为加强对华人劳工控制,英商特别制作了铜牌。铜牌为圆形,中心刻有编号,两侧注明了工种。劳工只有凭牌才能有资格进站搬运货物,以赚取微薄的薪水,对旧上海的老铁路工人来说这块铜牌就是"卖命牌照"。

供求关系失衡,意味着存在寻租空间。当时旧上海的地方帮派把持了铜牌的所有权和分配权,以此从同胞身上榨取价值。那么,这么一块金属小牌牌价值几许?每块等值于八两黄金。老秤一斤十六两的话,八两相当于今天的250克,按照近年金价每克300元计算,这块牌照的市价合人民币75000元。

（图片来源:《解放日报》老照片）

本文发表于2014年5月3日

"文革"中的上海文人群像 | 张闳伟

> 轰动文坛的报告文学《手》发表后,巴金坚持不肯领取稿费;叶以群总是踏着一辆陈旧的英国三枪牌自行车;恋人闻捷自杀后,戴厚英一个人关在宿舍里,穿着黑衣,对着闻捷的照片,不住地抽烟流泪……施燕平先生的《尘封岁月》一书,描绘了一幅文革期间上海著名文人的群像。

施燕平先生的《尘封岁月》(华东师范大学出版社 2014 年出版),既是一部回忆录,也集萃了上世纪六七十年代文坛的珍贵史料。

由于十年动乱,那个年代的文坛记录一直是个空白。施燕平作为工人作家,长期在《萌芽》《上海文学》《收获》杂志工作(特别是在"文革"时期担任过《朝霞》和《人民文学》杂志的负责人),是那个年代文坛镜像的见证者。他以当年日记为基础写就《尘封岁月》,为这一时期文学史研究补上了厚重一笔。

《尘封岁月》不是文学史的资料汇编,却聚焦了那个年代重要的沪上文坛大事。作者坦言,要本着对历史负责的态度,"尽我所能,将亲身经历的一些难忘事件记录下来","既有轻松写意的生活花絮,也有不堪回首的沉重记载"。

书中用素描的笔法描摹了多位文学大家的形象,例如,作者写"文革"前巴金与自己结对深入生活、下厂劳动,在一家工厂当车工,车一些简单的零件。"每天上午,足足劳动四小时,而且是站着的,固定在一个位置上聚精会神",下班铃声响起,他又马上拿起扫帚,把车床四周打扫干净。"巴老每天坚持,从不间断。"

作者还曾经跟随巴金到市六医院采访断肢再植,轰动文坛的报告文学《手》发表后,巴金坚持不肯领取稿费。又写巴金与自己在五七干校同处一室,巴金在半夜三更"噩梦连连,大声惊叫","有过多次,我在噩梦中被这种令人恐怖的叫声惊醒"……巴金平实谦逊、在"文革"中受尽屈辱的形象呼之欲出。

同样,作者写叶以群也用了这一笔法。叶以群是作者的上级领导,又是著名的文学理论家,常常提携像作者这样的青年人,和蔼可亲,"总见他踏着一辆陈旧的英国三枪牌自行

1963 年,上海市第六人民医院顺利实施了断手再植手术。同年 5 月主治医生陈中伟(右)、钱允庆(中)看着病人王存柏拿起茶杯喝水。(《解放日报》资料照片)

车"。但在"文革"初期,叶以群被批斗打倒。1966 年 7 月,他骑着自行车到机关来看大字报,"他总是一脸严肃,毫无表情,不声不响地来,不声不响地走,谁也不知道他心里是怎么想的。"

7 月底的一天,诗人芦芒找叶以群谈话,"谈话结束后,但见以群一声不吭,长久站在二楼的扶梯口,一副进退两难的模样……终于走下楼梯,毅然骑上自行车,离开作协大门而去。"几天以后,以群跳楼身亡……"以群与自行车"的形象,就是展现在读者面前的一幅凝重的人物素描。

另有几位有个性、有争议的作家,书里的描绘,用的是浓墨重彩。戴厚英曾长期与作者共事,作者在书中对她倾注的笔墨最多,假如把有关戴厚英的章节从书中抽出,似可单列为"戴厚英小传":从她作为批判"反动学术权威"的大学生脱颖而出,到"文革"中能言善辩的造反参与者,再到与诗人闻捷的刻骨铭心的恋爱及诗人之死,直到戴厚英小说引起争议以及最后被害的悲剧……

作者满含感情,描绘的细节非常生动:这位热情活泼的"江淮才女","文革"初曾被派去与北京来的红卫兵辩论,把对方驳得理屈词穷、哑口无言。这时,对方人群中忽然冲出一人厉声问:"你是什么出身?"这一下,击中了戴厚英的要害,因为她的父亲是"右派",如果如实相告,就必然成为众矢之的,不得已,她只能"扭头便

跑"。

"炮打张春桥"后,戴厚英从"造反派"变成了被批判者,"有一次批判会后,几个工宣队员把她拉到办公室,拍着桌子批评她。她也同样拍着桌子回答,而且推开办公室的门,愤然而去。"恋人闻捷自杀后,戴厚英一个人关在宿舍里,工宣队马上派人去"侦察"一下,回来报告说:"她穿着黑衣,对着闻捷的照片,不住地抽烟流泪。"

对于与作者有过工作往来、且曾经也是作家的官员,作者的态度始终客观冷静。如写他从上海到北京,从《朝霞》编辑部到复刊的《人民文学》编辑部工作,刚下飞机,前来迎接的竟是著名诗人、时任文化部副部长的袁水拍,"我当时真有点受宠若惊"。

后来作者要回沪组稿,"在回沪前夕,袁水拍打电话给我,问我乘几点钟飞机,他要送我去机场。我辞之再三,他执意不从。"这是作者塑造的袁水拍"拘谨谦和,为人诚恳"的"好好先生"形象。

书中还写道,一次,袁水拍开会发言,谈到他在"文革"中被打倒后重新出来工作时,"他激动得哽咽流泪,半晌说不出话来,引得在场的人无不为之动容。"粉碎"四人帮"后,袁水拍成为被清查的对象。袁交代了一个细节:《人民文学》复刊时,邓小平在复刊报告上批示:"我赞成,看来,现在这个文化部要领导好这么一个刊物也不容易。"

但报告下发时,用的是一个复印件,复印件上邓小平的批示只剩下"我赞成"三个字,究竟是谁删节了邓的批示,至今不明。作者对袁水拍充满了同情,"老实讲,以我观察,'四人帮'未必看中他,他无非是充当了他们手中的工具而已。"

对于有些人,《尘封岁月》也没有脸谱化,如写徐景贤,作者从北京回沪组稿,受到了时任市委书记、市革委会副主任徐景贤的召见,作者对徐的描写也比较公允:"说句心里话,尽管他身居要职,位高权重,但毫无一点官架子,态度随和,至少在我眼前是这样。"

作者写在《萌芽》杂志任编辑时的姚文元,更是入木三分:姚文元"平时穿一套半旧不新的灰色中山装,肩上挎了一只鼓鼓囊囊的帆布挎包,走路时目不斜视,很少与人打招呼。他通常上班较早,往往在上海作协的两扇大铁门未开之前就来到门口,敲着东首的小边门,喊着:'老朱,开门!'"

有一次,大铁门敞开,他竟视而不见,照旧敲边门喊:"老朱,开门!"门卫老朱来到铁门边,嘟囔着说:"大门不是开着了吗!""这件事,事后成了人们茶余饭后的笑谈。"寥寥几笔,把"文革"前姚文元的"书蠹头"形象勾勒了出来。

应该说,由于作者的精雕细刻,读《尘封岁月》不会感到疲累。但那个年代的文坛历史,却会让读者心中产生一种沉重感……

本文发表于 2014 年 5 月 15 日

大上海计划：
被遗弃的旧梦
许云倩

【地标记忆】1929 年 7 月，第 123 次市政会议决定，正式推出"大上海计划"，绕开租界和旧市中心，在上海的东北部重新造就一个新上海。因缘际会，刚过而立之年的董大酉，踌躇满志地挑起了建设新上海的重担。

和租界分庭抗礼的计划

中学时代，无论是去长海医院就医，还是坐 90 路去吴淞的亲戚家，都会路过体育学院。远远就能看到，一座巍峨的宫殿，一幢气势宏大、而又铅华凋落的建筑，很突兀地出现在这远离繁华闹市的郊外的僻静处（当时那里确实很冷清），看上去有一种"雕栏玉砌应犹在，只是朱颜改"的凄凉。

如同在村野茅屋中，突然发现一位妆未卸净、而又风韵犹存的贵妇人，总会让人对她的出处产生好奇。隐约听大人们说，这是以前国民党政府留下的建筑。多年以后才知道，这里就是旧上海特别市政府大楼（今上海体育学院办公楼）。

1927 年 7 月，上海因其在政治、经济、文化各方面的全国领先地位，被国民政府确定为"特别市"。斯时，上海虽是个繁华而现代的国际大都市，却处于半殖民地状态。市中心区域到处被各国租界割据，于是，不仅有了"华人与狗不得入内"的奇耻大辱，连市政府及其下属机构，也只能散落于市区各处办公，如市政府在丰林桥（今名枫林桥），工务局、卫生局在毛家弄（今毛家路），社会局在小南门外，教育局在大吉路。

1929年7月,旧上海市政府第123次市政会议决定,正式推出"大上海计划"。划定翔殷路以北,闸殷路以南、淞沪路以东及周南十图、衣五图以西的七千余亩,作为新上海的市中心区域。这里当时是一片沟河交错、阡陌纵横的乡间田野,属江湾地带(即今日之五角场地区)。

根据"大上海计划",在这片土地上,将筹划建设新的市府大楼、各局办公楼、运动场、图书馆、博物馆、医院、公园等。此外,还制订了《上海市分区计划》《黄浦江虬江码头计划》《上海道路计划》,对交通设施,包括铁路和港口进行了完整规划。这是一个重振民族信心的计划,也是一个意欲实现中山先生遗愿的计划,更是一个国人欲同耻辱的租界分庭抗礼的计划。

参观的民众多达10万余人

终于,上海人民等到了这个时刻。一座民族风格显著的宫殿式建筑气派耀眼地站立在江湾昔日的田野上。1933年10月10日10时,市政府新厦落成典礼正式开始,奏乐升旗,礼炮齐鸣。天空中传来发动机的声响——这不再是"一·二八事变"中日寇的轰炸机,而是由航空署派来庆祝盛典的8架飞机,从人们头顶上掠过,撒下了花花绿绿的彩色传单。

随后,时任市长的吴铁城手持钥匙,打开二楼大礼堂大门,官员、社会名流、各界代表,外国使领馆、工部局、公董局、外国驻沪军队的官员等,从新厦的平台拾阶而上,走

吴铁城行开门礼

入大门。这一天清早,喜气洋洋的市民纷纷从虹口赶到江湾,一路车水马龙,还挤满了步行者。大家都想来看看中国人自己的"新上海"。在建造的两年中,大楼还在"一·二八事变"中遭到轰炸。上海人民受够了一次次的屈辱。他们要在"新上海"中找到未来的希望。

这一天,参观的民众多达 10 万余人。此后三天,新厦对市民开放,更是人潮滚滚。新厦采用"涂彩飞檐梁柱式",是传统的中国古典式建筑,朱红色的梁柱,屋顶上覆盖绿色琉璃瓦。新厦正面中间是宽阔的汉白玉台阶,台阶两旁有石狮守卫,直通二楼大礼堂,礼堂两旁为会议室。一楼为正门,车马可直达门前。

大楼采用钢筋混凝土结构。第一层包括传达室、警卫室、收发室、会计处、保险库、大食堂及办公室等。第二层为大礼堂、图书室及会议室等,同层的大礼堂因由台阶直达,与之完全隔离。第三层中部为市长及高级职员办公室,两翼为各科办公室。第四层从外面看隐藏于大屋顶底下,是通常所说的假四层,系利用屋顶空隙作为休息室、储藏室、档案室及电话机房等。

内部设施条件在当时来说是十分现代舒适的,有电梯、热气管道及抽水马桶、消防设备等,并装有防暑扇 119 只,热水管道 9 千平方米,室外温度为 0 度时,室内可达 22 度。可谓是冬暖夏凉。

设计者董大酉

这幢精美绝伦的建筑,让我们记住了他的名字——董大酉。这个名字注定会镌刻在中国建筑史上,从最初的征集设计到制定图案,再到最终定稿,他都是主要领衔者。

董大酉,浙江杭州人。民国 11 年(1922 年)毕业于清华大学,后赴美国留学。先后毕业于明尼苏达大学建筑系和哥伦比亚大学美术考古研究院。毕业后顺利进入美国建筑大师亨利·墨菲(Henry Murphy)的设计事务所工作。但他报国之心不泯,民国 17 年回国,民国 18 年与美国同学菲利普合办建筑师事务所。同年加入中国工程师学会,被推选为中国建筑师学会会长。

市政当局曾悬赏奖金 3000 元,向海内外征集建筑方案,要求以"中国固有之建筑形式,参以新时代之需要,实用与美观并重"。董大酉作为市政府新厦的总设计师,主持了征集评选工作。最终,由赵深和孙熙明合作设计的方案荣获一等奖。但其实每个设计各有所长和所短,于是董大酉在一等奖方案的基础上,充分吸收其他获奖设计图案的长处,拟订出 6 种设计图样,再由获奖的应征者共同审查,最终确定了市政府新厦的建筑方案。

董大酉不仅设计了市政府新厦,还担当了整个工程的监造,从 1931 年 6 月新厦开工后,他亲力亲为,不断奔波于市区和江湾,终于给了上海市民一个惊喜。

以董大酉、赵深等为代表的中国第一代"海归"建筑师,虽受欧美建筑学影响,但内心更希望,从本民族建筑元素中找寻出中国现代建筑的出路。"大上海计划"的实施,让董大酉这一代人终于可以实现自己的理想、施展自己的才华。新的市政府大楼,作为当时上海最重要的一幢建筑,张扬着华丽的檐角、明艳的琉璃、高贵的汉白玉,横空出世,令人惊艳。

首届集团结婚

1935 年 2 月,旧上海市政府倡议举办"集团结婚",得到了饱受繁文缛节和经济压力之苦的年轻人的呼应。4 月 3 日,春暖花开的日子,首届"集团结婚"在市政府大厦前举行,大礼堂内外花团锦簇,礼堂门首挂着横幅"上海市第一届新生活集团结婚典礼",大红喜字、大红喜球点缀出喜气洋洋的气氛,大红地毯从大门铺到礼堂内红色的礼台。礼台前供奉"龙凤呈祥"大红花烛一对,台正中安放孙中山先生铜像,台两旁分别为证婚席、观礼席和乐队席。

3 时半,集团结婚正式开始。

54 对新人,穿着由美亚织绸厂提供的名牌丝绸、著名服装设计师统一制作的婚礼服站在台下。新郎一律穿蓝袍黑马褂,新娘着短袖淡红色长旗袍,胸佩红花,手捧鲜花,头顶白纱。新人们先向孙中山先生像行三鞠躬,后互相行二鞠躬,再向证婚人市长吴铁城、社会局长吴醒亚行一鞠躬。

　　吴铁城和吴醒亚分别向新人颁发结婚证书和装于红色丝绒盒中的纯银团月式嵌花太极图形的纪念品。王开照相馆摄影师在市政府新厦前为新人们拍摄了集体合影。美国派拉蒙、米高梅、福克斯三大电影公司也到场竞相拍摄、制作新闻影片，传送至世界各大都市放映，使外国人也能看到这一世界罕见的富有中国特色的新式婚礼。

集团结婚场景

　　上海此后又举行了多届"集团结婚"，报名者更加踊跃。当年10月2日举行的第四届集团结婚，参加者已增至142对。紧接着，北平（今北京）、天津、南京、汉口、杭州、无锡等国内其他省市都群起仿效，集团结婚成了当时社会的一种新时尚。

　　但是好景不常，一个身处列强虎视眈眈之下的弱国，又怎能奢望享受宁静安乐的生活？1937年8月13日，日军大规模进攻上海，江湾地区首当其冲，成为中日军队第一线的交战区。上海沦陷之后，"大上海计划"被迫全部结束。1945年抗战胜利之后，国民党当局将上海市政府又设在了旧市区的繁华地段。对当年的"大上海计划"弃之如敝屣，使得它如同一个被搁置的旧梦。

江湾五角场一带再次荒芜寂静了，除了那些曾在这里接受祝福的新郎新娘，大概很少有人再会想起那一段繁花似锦。

上海解放后，"大上海计划"中残存的市政府大楼，现归上海体育学院；原上海博物馆、市立医院、卫生试验所、中心公园、航空协会，均在现第二军医大学内；原上海图书馆，现在同济中学校园；原上海体育场，现为江湾体育场。旧市政府大楼现为"上海市文物保护单位"及"上海市优秀历史建筑"。

（图片来源：《申报》老照片）

本文发表于 2014 年 5 月 19 日

江湾体育场,健儿今何在? | 许云倩

【地标记忆】1935 年 10 月,旧中国第六届全运会在江湾体育场举行。离乡背井的东北籍著名运动员刘长春创下两项全国纪录,其中 10.7 秒的 100 米纪录保持长达 25 年之久。1983 年 9 月,新中国第五届全运会开幕式也在这里举行。

最时髦的"体育城"

1935 年 10 月建成的上海市体育场(今江湾体育场,国和路 346 号),同样出自董大酉先生的手笔。它由运动场、体育馆、游泳池三大建筑构成,呈三足鼎立之势,占地 300 亩。说是一个"体育城"更为确切,但那时代的人就是这样喜欢语带三分保留。这个体育场在当时远东的体育设施中,可谓独占鳌头。

运动场是整个体育场的核心,呈椭圆形,由田径场和环形大看台组成。田径场设有一条环形 500 米跑道,分为 8 道,东西直道长 220 米(当时国际比赛设有 200 米短跑项目),跑道内侧为投掷区和跳高区,中间是足球场;足球场的北侧是网球场,南侧是武术场。

看台东西两侧司令台设计成三孔券门牌楼式建筑,三座人造白石大拱门高达 8 米,运用了中国传统的云纹、火焰纹、莲花纹等雕饰,顶部左右两端各设古铜色金属大鼎一只,专门用于点燃象征运动精神的熊熊火炬。拱门上方分别刻着"国家干城"、"我武维扬"、"自强不息"三块门额。

钢筋水泥混凝土结构的看台高 11 米,分上下两层。上层是观众席,共 22 级台

阶,设有 4 万个座位和 2 万个立位;下层为长 870 米、宽 6 米的回廊,其外墙由清水红砖砌成的 120 个拱券式结构组成,内设商店、休息室、卫生间及储藏室。遇有比赛,观众可从回廊的 34 个入口进入看台,就近入座;比赛结束,6 万名观众仅需 5 分钟即可全部离场。设计之精细、考虑之周到可谓匠心独运。

体育馆设有 3500 个座位,1500 个立位,并安装了当时先进的暖气设备。圆弧形的屋顶高 20 米,上弦曲线半径达 30 米,如此大跨度的穹顶当时在国内独一无二。穹顶还安装有 10 孔双玻璃排窗,以增强室内光线。中央比赛场地长 40 米,宽 23 米,铺设双层槭木地板。馆内运动员休息室、裁判室、贵宾接待室、浴室等辅助设施一应俱全。

游泳池为露天标准游泳池,池长 50 米,宽 20 米,最浅处 1.24 米,最深处 3.38 米。四周看台有 5000 个座席。池底及池边铺白色马赛克,四壁砌白瓷砖,容水量 2200 立方米。泳池的滤水设备十分完善,浊水进入滤水锅后再回到池中,循环不息,池中保持碧波荡漾。池内的灯光设备在当时也是最新式的,水下装有 32 盏强光壁灯。

游泳池一角

"勿忘国耻"成运动会主题

上海市体育场落成后不久,1935 年 10 月 10 日上午 10 时整,旧中国第六届全运会开幕式在这里拉开帷幕。是日,虽下着蒙蒙细雨,但市民"衣雨衣携雨具而来者,至为踊跃",把可容纳 6 万人的体育场看台"挤得水泄不通"。来自全国各省、市及海外华侨组织的 2700 余名运动员举行入场仪式。

各省选手集合

当东北五省市代表队选手身穿黑色孝服,手擎喻意不忘故乡黑山白水的黑白两色旗经过看台,全场观众静默无声,一种"国破山河在"的悲愤在每个人的心头涌起。"勿忘国耻",是这届全运会绕不开的关键词。中国飞行社及中央航空学校特派出飞机在体育场上空翱翔,万众仰首,情绪高涨。

在这届运动会上,离乡背井的东北籍著名运动员刘长春以 10.7 秒和 22.0 秒的成绩再创 100 米、200 米两项全国纪录,夺得冠军。其中 10.7 秒的 100 米纪录保持长达25年之久,直到 1958 年才被新中国运动员梁建勋打破。这届运动会的举

开幕式上选手进场

行,使上海新市中心区和上海新体育场,在全国乃至亚洲都有了一定的知名度。

中国人想走上一条振兴之路,日本人却早已虎视眈眈。1937年"八·一三事变",江湾市中心区被日寇占领,上海市体育场也沦为侵略者的军火库。日军在昔日美丽的草坪和跑道上修建兵器修械厂,开挖河渠、修筑电网、垒起碉堡,这里成了魔鬼的城堡。直到抗战胜利,国民党继续将体育场作为军用。

1946年7月,场内的炮弹库突然爆炸,熊熊烈火烧了7天7夜。火灾过后,已是断壁残垣,破败不堪。

从朱建华到"申花"

解放后的1954年,上海市人民政府和国家体委耗资193万元,对体育场进行了全面整修,更名为江湾体育场。上海市市长陈毅同志亲笔题写了"上海市江湾体育场"8个大字,镌刻在西主席台正门的上方。从此,江湾体育场成为上海举办大型体育比赛的主要场地。

观众争先恐后等待入场

刘长春

1983 年 9 月 18 日到 10 月 1 日,第五届全运会在这里隆重举行,这是新中国首次在北京以外的城市举办全国运动会。当时我正在复旦大学念大三,9 月 18 日那天我们全班女生一起排队步行来到江湾体育场做观众。当时天气还很炎热,只记得我们每人分发到了一盒"红宝"橘子汁。这是上海最早的盒装饮料,每盒 5 角钱,在当时已算是高消费品,可以换 10 多根棒冰。我们很珍惜地慢慢吮着吸管。

我的一个小学同学参加了全动会的团体操表演,据说一整个夏天都没休息过,天天排练,人晒得墨黑。已经忘了那天有哪些党政军领导出席了盛会,只记得飞机从空中掠过举行跳伞表演时,表演者都是女跳伞队员,一朵朵伞花

体育场的断壁残垣

由天而降，如天女下凡。因为风力太大的关系，有几朵还飘到了场外，引起场内善意的笑声。上海运动员朱建华在这届运动会上得天时地利人和，超水平发挥，在预赛和决赛中先后以 2.37 米、2.38 米的成绩两次刷新男子跳高世界纪录，被誉为"世界第一飞人"。

而后，到了 90 年代中期，中国足球兴起俱乐部制，进入甲 A 联赛时代。江湾体育场成为申花足球队的定点训练场，痴迷申花球员的女中学生从全市各个角落赶来，隔着铁丝网看心中的偶像练球。有的，手中还捧着满满一瓶用彩纸折叠的"幸运星"。

随着上海各区体育场的兴建，以及更大规模的八万人体育场的落成，江湾体育场也渐渐变得门庭冷落。为了适应时代需求，在保持原有建筑特色的前提下，2006 年 11 月江湾体育场改建为国内首个体育休闲公园。

城墙般的大门、看台、拱门、环形长廊等修旧如旧，功能却已不同。里面是公园式的亭台楼阁、小桥流水，以及网球、滑板、攀岩、武术等的健身场地。2007 年 10

上海运动员朱建华

月,世界夏季特奥会闭幕式在这里圆满结束。

如今,芳草萋萋的体育场依旧静默。昔日那些健儿留下的矫健身影,却已无处可寻。

（本文仅代表作者个人观点,文中图片均为解放日报资料照片）

本文发表于 2014 年 5 月 22 日

一张报纸的65年：
梦始之地

章迪思

　　【《解放日报》独家老照片】对于《解放日报》而言，与"新"有关的一切，始终绕不过望平街、汉口路，这个神秘而充满召唤力量的路口。它创刊于此，对新中国诞生的喜悦亦汇呈于此。

"又日新"

1949 年 10 月 8 日下午时分,十多名《解放日报》记者列队向西而行,其中打头阵的几个,胸前背着相机。作为背景的路口,一爿是挂着"可口可乐"(连带英文 DRINK 字样,想是旧上海的遗留物)的烟杂店,旁边紧挨着的,是醒目的"又日新"浴室招牌。

题图这张照片,也许是随意的"街拍";但或许,也有拍摄者暗藏的玄机——"又日新"出典自儒家经典《大学》:"汤之《盘铭》曰:'苟日新,日日新,又日新。'"商汤王刻在洗澡盆上的这句箴言,翻译成大白话,大致意思是:"如果能够一天新,就应保持天天新,新了还要更新。"

配合这张照片的说明"解放日报记者前往跑马厅,采访百万人庆祝国庆大游行",你就能明白其中深意:新成立的中共华东局和上海市委机关报《解放日报》,派出记者采访新中国成立庆祝大会,没有什么比用"又日新"作为镜头语言更为巧妙了。

在《解放日报》创刊 65 年之际,在汉口路山东路一带出没了 8 年有余的我,看到这张照片的第一时间就辨认出,这个蕴含历史深意的街角,正是现在的汉口路山西中路路口,距离当时解放日报所在的汉口路 309 号(即原申报馆)仅数十米之遥。而"又日新"依然存在,只是移步到几米开外,现在的门面在汉口路上坐南朝北,改名为"又日新桑拿"。

"望平街"

历史的勾连,就是如此神奇。居然有这样一个路口,穿越了 65 年的时光,仍可被人一眼认出。一如,曾经的望平街,是所有《解放日报》人心中永远的故乡。

望平街是现在山东中路的一段,北起南京路,南至福州路,不过两百米长,窄窄只有七八米宽。然而一百多年前,这里就是中国报业的"舰队街",《申报》、《新闻报》、《时报》等数十家大大小小的报馆先后汇聚于此。

1949 年 5 月 28 日, 上海解放的第二天,《解放日报》在《申报》大楼里创刊, 后来又与斜对面汉口路 274 号的《新闻日报》合并。从此, 解放人在这里与新诞生的人民政权同呼吸共命运, 延续着望平街的文脉。

309 号

图一依然摄于 1949 年国庆期间, 位于街角的, 就是汉口路 309 号解放日报的大门(在最近几年里, 因为一家著名港式茶餐厅而为本埠时尚青年熟知)。大门两侧, 悬挂着"庆祝中华人民共和国中央人民政府成立"和"庆祝中国人民政治协商会议成功"的大幅标语。

查阅资料后发现, 这张"雨中 309", 或许更接近十一国庆的"正日子"。因为从资料可知, 那一年的秋雨从国庆日当天开始, 淅淅沥沥了近一周。

图一

图二

正如图一中醒目的五角星所透出的喜气一样, 上海人民对于新中国成立的欢欣鼓舞之情, 并不会被秋雨浇灭。据《解放日报》的报道, 国庆那一天"至少有五十万人, 在风雨里庆祝, 在积水的马路上游行, 在会场里收听跑马厅大会消息, 跟着喊口号、鼓掌, 在大街小巷里尽情欢笑。"

全城人民沉浸于对"新"的喜悦。新生的党报, 同样全身心地加入到了欢腾鼓舞的人群队伍中。

图二,就是《解放日报》自己的游行队伍。队伍从申报馆大门出发,行进所在的正是望平街。街道北侧的围墙里,几座坟茔隐约可见——这里是解放前埋葬外国人的坟地。现在,则是修缮一新的黄浦区体育馆。

排字房

图三

除了派出队伍参加游行,报社内部也没闲着。10月2日晚,在申报馆内的排字房,解放日报举行了自己的庆国庆联欢会。不仅如此,第二天的报纸上,还就此刊登了一则简讯《本社全体职工昨狂欢一整天》:

　　"本报职工昨日以极兴奋的心情狂欢了一整天。一日各处已经张灯结彩,布置起来。昨日庆祝节目从早晨八时的升旗礼开始。在报馆的前马路上,全社职工站在如注的大雨底下,唱起国歌,国旗在号声中徐徐上升,并由范社长领导高呼口号。下午四时,全体又集合在排字房,举行庆祝仪式,收听饶政委在全市庆祝大会的报告,场内的掌声与扩音器里播放出来的掌声响成一片。会后还有余兴大扭秧歌、合唱、国术表演、口琴独奏等。"

图三的照片摄于排字房,亦可作为当时佐证。

图四

似乎是对于这种分享的回应,以青年团、妇联为代表的各界群众,也纷纷来到申报馆门前,和新生的党报一起表达对"新"的欢迎和期盼。10 月 2 日晚,青年文工团在报社排字房机器房演出腰鼓、打莲湘,并对报社内的工人弟兄高呼口号致敬;图四,则是劳动妇女代表来到报社门口,放声歌唱的情形。

可以发现,对于《解放日报》而言,与"新"有关的一切,始终绕不过望平街、汉口路,这个神秘而充满召唤力量的路口。它的创刊于此,对于新中国诞生的喜悦亦汇呈于此。

今天的报业正在发生史无前例的变革,但无论时空如何变幻,曾经的望平街、汉口路,在几代新闻人眼里,都是承载过那么多的光荣与自豪的梦始之地。

而在此地播种的理想,永不湮灭。无论我们走得多远,都不会忘记当时为何会出发。

(图片来源:《解放日报》老照片)

本文发表于 2014 年 5 月 26 日

1952：
南京路的"叮当梦" | 王 海

【独家老照片】1952年,修缮中的这条曾经代表租界时代公用事业福祉的电车轨道,还将继续以清脆的"叮当"声,轻抚上海人的晨昏。直到1963年,南京路上最后一班有轨电车末班车从静安寺开出。1路有轨电车,曾经在上海这张月份牌上留下的风情抓痕,被次第抹除。

1952 年 9 月某日,具体时间未知。解放日报摄影照片留下的文字资料只有一句话:南京(西)路,修理电车轨道。熟悉上海城区地标的人不难发现,照片定格的是 62 年前南京西路国际饭店朝西静安寺方向约 100 米的街景。

1952 年,修理中的电车轨道

题图里,摄影者站在南京西路马路中央尚未彻底竣工的轨道上,那一瞬间只要他的镜头朝右偏转 45 度,我们将看到最多十几二十天后就将对公众开放的人民公园。昔日殖民遗迹之一的跑马厅消失了,而修缮中的这条曾经代表租界时代公用事业福祉的电车轨道,还将继续以清脆的"叮当"声,轻抚上海人的晨昏。

照片上辛苦劳作的铺路工那一刻并不会知晓,仅仅两个月后,他们将从"外资企业雇工"成为"社会主义劳动者"。1952 年 11 月,在经营了整整 44 年后,英商所属的这条上海第一条有轨电车 1 路的所有权被上海市军管委员会强制收回。

请注意前文"上海第一条"的界定——对于习惯接受绝大多数舶来品均以上海作为试水港口的人们而言,以下事实多少令人错愕:

　　早在1881年,英商怡和洋行即向法租界公董局创议,在租界内行驰有轨电车,法公董局随后开始着手研究有轨电车交通计划,这是上海第一次筹办有轨电车工程。但由于英法美的利益分配等原因,直到27年后的1908年3月5日,上海有轨电车线路才正式开通;而津门租界内的白牌电车已于两年前通车,香港的有轨电车的开通更早在1904年。

　　本文图片所示的轨道,即这个"第一条"1路有轨电车的一部分。1路电车属于英商上海电车公司,老上海人简称"英电"。"英电"幕后老板即当时鼎鼎大名的犹太富商哈同。1路电车全程6.04公里,从静安寺至外滩广东路英国上海总会。上海总会即昔日的东风饭店,也即上海第一家肯德基餐厅所在,今日的华尔道夫酒店。

第一辆电车(《申报》老照片)

　　目前我们看到的建筑并非1864年建造的英国上海总会原物,而是1905—1910年原址重建的"新楼"。而英商上海电车公司正是新楼建筑的出资方之一。或许,这正是哈同将1路电车的终点站设在上海总会门口的"生意经"。

　　自1900年代早期始,上海租界内的公共交通事业发展迅速,套用后来的话语表述"一年一变样,三年大变样"亦不为过。1908年5月,英电开辟第二条线路,从卡德路(石门二路)朝北沿新闸路直达虹口公园,后英电又先后敲定多条公交线路。

1908 年 5 月,仅仅在 1 路通车 2 个月后,"法电"(法国上海电车公司)的首条有轨电车线路从外滩出发,经公馆马路(金陵东路)、八仙桥、葛罗路(嵩山路)、吕班路(重庆南路)、金神父路(瑞金二路)、亚培尔路(陕西南路)至善钟路(常熟路),线路长 5.6 公里;至 7 月底,轨道铺全,又延伸至徐家汇,全场线路长 8.5 公里。5 年后,华电(华商上海电车公司)上阵,意欲赶超英美。

法商电车(《申报》老照片)

在英法中三大运营商的苦心经营下,到上海解放前夕,上海市市区公共交通线路共有 44 条,其中跨区线路 14 条:有轨电车线路 3 条(1 路、2 路、3 路),无轨电车线路 4 条(16 路、19 路、20 路、24 路),公共汽车线路 7 条(3 路、5 路、6 路、9 路、10 路、14 路、15 路)。

公交事业的如火如荼也令从业者获益匪浅。史料记载,1 路电车开通伊始,电车驾驶、买票的都是西人。但半年后,英商电车公司就大批招募华人担任驾驶、买票、检修等工作。当时能进入"英电"门槛较高,必须通过中文、英文、数学、面试考动手能力和反应能力等严格测试。一俟进入，待遇令人艳羡，不仅工资较高，另有住房和子女教育补贴。

电车产业工人相对于其他工人兄弟超强的购买力，甚至带动了一家老字号的兴旺。当时位于麦根路（石门二路）的"杨同兴牛肉馆"最初即靠英电的司售人员而盛极一时。杨同兴今天还在石门二路近新闸路原址，当年此处正是英商三路电车终点站。昼夜光顾的三路司售人员口口相传，杨同兴美味牛肉锅贴的声誉于是随着电车轨道一路延伸……

赫德路电车进站（《申报》老照片）

1908年，1路电车在赫德路（常德路）80号（近今日静安寺城市机场航站楼位置）设静安电车栈。栈者，休憩之地也。此处正是英电电车麇集的车场。几十年过去后，这个"车栈"的"叮当"声成为一个文艺女青年梦境的一部分。

"我们的公寓常德路邻近一家英商电车公司，入夜了，我时常趴在爱丁顿公寓自家的阳台上，看着电车回家，可是我始终没弄清楚电车是几点钟回家。'电车回家'这句子仿佛不很合适——大家公认电车为没有灵魂的机械，而'回家'两个字有着无数的情感洋溢的联系……有时候,电车全进了厂了,单剩下一辆,神秘地,像被遗弃了似的,停在街心……"(张爱玲《公寓生活记趣》)

1952 年 7 月,张爱玲"爱丁顿叮当梦"戛然而止。张爱玲以赴香港大学复学就读为由,获准离开上海经广州抵达香港,从此再无回转。

而此后,曾经进入无数上海人梦境的南京路上的"叮当"声又延续了 11 年。1963 年 3 月 5 日,就在 55 年前 1 路电车通车纪念日的当天,上海市人民委员会同意市公用局关于拆除南京路有轨电车轨道,改驶无轨电车的请示。拆除理由:电车轨道建造年代已久,设备陈旧,线路布局的不合理,与城市建设的飞速发展极不适应。

5 个月后,1963 年 8 月 15 日凌晨零时 17 分,南京路上最后一班有轨电车末班车从静安寺开出。午夜静谧,电流微微摩擦,在夜空中发出沉静的声响。它默默去,再不复返。在它的身后,早已等候在路旁的工人、干部和解放军战士一拥而上,合力撬掉一路电车钢轨。1 路有轨电车,曾经在上海这张月份牌上留下的风情抓痕,被次第抹除。

3 小时 38 分后,一辆 20 路无轨电车离开静安寺起点站向外滩方向驶去。在这之后,上海市区内有轨电车又寂寥而零星地"叮当"了 12 年。1975 年 12 月 1 日,上海市区内最后一条有轨电车 3 路(五角场至虹口公园)被拆除。

时间闪回到 51 年前那个黢黑的秋夜。最后一班 1 路电车沿南京西路一路东进。此刻我闭上眼睛,恍若登车:常德路、铜仁路、西康路、陕西北路、石门二路、成都路、黄陂路……

电车真的是没有灵魂的机械吗? 那一刻,它知道正以时速 8 英里的速度与"家"渐行渐远吗?

(本文图片除注明外均来自《解放日报》资料照片)

本文发表于 2014 年 6 月 15 日

叶家花园：
一个移民的传说 许云倩

【地标记忆】叶家花园(政民路 507 号)，在民间有上海第三私家花园的美称，前两名为"沙逊虹桥度假别墅"、"黄(金荣)家花园"。叶家花园和上海滩有名的叶氏家族相关，也是昔日上海滩的一个传说。

　　我第一次拍彩照，大概是在 1984 年的冬天，复旦话剧团有人弄来一卷彩色胶片，这在当时只有用侨汇券才能买到，特别珍贵。我带着一群人到了复旦后面的叶家花园，摆了各种造型，拍下了人生中第一批彩照。

上世纪 80 年代，作者和朋友在叶家花园的湖边。(作者提供)

之前朋友们都不知道,复旦边上还有这么一处好所在,而且这么美的一个园子竟然是在一所肺结核医院里(当时叫上海市第一结核病防治院)。好在年少胆壮,我们都不知道害怕。

其实,在这之前,我已带很多同学来过这里。复旦附中读书时,带同学来这家医院的职工浴室洗过澡。后来上复旦大学,离得更近了,时常带着同学来这里散步。我的小嬢嬢医学院毕业后就分配在这所医院做医生,所以我在这里可谓进出自如。

嬢嬢有时会叮嘱我进医院的时候戴个口罩,别东摸西摸,我也不太当回事。父亲 60 年代初在复旦读书时患肺结核,就在叶家花园住过半年。后来也没留下什么后遗症。所以在我眼里,好像肺结核也不是什么可怕的病。现在想来,真是少不更事。

直到现在,我依然能清晰地回想起,从医院大门进去,穿过门诊和病房,走入那片花园,真感受不到病菌的可怕。只有鸟语花香、莺歌燕舞。碎石小径把游人带向庭院深处,一步一景,小径两边假山护着池塘、湖泊。湖中还有小岛,最大的岛中央有一幢乳白色的西式建筑。

这幢小白楼坐北向南,一楼三面环廊,廊柱为希腊风格的爱奥尼克式,前为平台,看上去明亮通透。二楼前半部也是平台,站在上面可眺望全园景色。这是园中的主题性建筑,现已列入上海市第四批保护建筑名单。

岛上有晴涛桥、羲象桥、柳浪桥、金锁桥、玉带桥、匹练桥、四恭桥等 7 座造型各异的小桥,飞架在"叶湖"两岸。山、湖、桥、亭,互衬成趣。亭窗上的彩色玻璃,亭顶的绿色琉璃,显示出设计师在细节处的考究用心。

这座叶家花园(政民路 507 号),在民间有上海第三私家花园的美称,前两名为"沙逊虹桥度假别墅"、"黄(金荣)家花园"。叶家花园和上海滩有名的叶氏家族相关,也是昔日上海滩的一个传说。

1840 年,一个名叫叶澄衷的 14 岁少年赤手空拳从宁波镇海来到上海,先在一家杂货铺当学徒,后又在黄浦江上驾舟兜售食品杂物。某次,一个外籍船长搭乘他的舢板上岸,把内有巨款的公文包遗忘在舢板上。叶澄衷未起贪念。老老实实等候失主。洋人回来拿到包后，非常感激，定要以钱相谢，叶却坚决不受。老外为他的人品折服，换另一种方法答谢他，帮他向英领事馆代为申请证书，准许他上外轮做买卖。

上海滩就是这么一个充满了机会的神奇地方。这张证书给叶澄衷的生意带来一个高消费群体。到 1862 年，他用积累的财富在百老汇路（今大名路）开设了上海第一家华人五金商号——顺记五金洋杂货店。

由于他的勤勉和聪明，到 19 世纪末，他在全国各地开设的店厂多达 600 多家，并被冠上"五金大王"的称号，成为沪上巨贾。五金生意顺手之后，叶澄衷还从事地产和火柴等业务，并独家代理美孚石油公司的中国业务，又得到一个"火油大王"的称号。

叶家花园是由叶澄衷四子叶贻铨于 1923 年春建造的。因父亲打下的基础，叶贻铨学业有成、满腹经纶，并且颇具正义感。一次，他去跑马厅观看赛马，回来时义愤填膺。因为早期上海的跑马场为洋人所开，所以有一条歧视性的规定：总会大楼和看台只对洋人开放，华人只能在栏杆外观看。叶贻铨遭此羞辱，难以平复，在1908 年毅然集股，在沪创办"江湾赛马场"。

"江湾赛马场"建成以后，人气很旺，据旧报记载"惟江湾有万国体育会赛马场，来者不论国界，亦于春秋二季行之，前数日必登报宣布，观者甚众"。几年后，叶贻铨从赛马场所获利润中，抽出一部分资金，建造叶家花园，供赛马赌客休息游乐之用。

造园费时多年，所费甚巨。但开放之后，因内设弹子房、舞场、电影院、高尔夫球场等在当时领风气之先的游乐设施，成为上海时髦男女热衷的高档娱乐场所。而且在夏天晚上也开放，人称"夜花园"。

正当叶贻铨在娱乐行业大展身手之时，又遇到了麻烦。因花园中人声嘈杂，得罪了一位"高贵"的邻居，隔壁另一座别墅主人乃祥茂肥皂公司的英国老板，他向市政当局提出抗议，要求关闭叶家花园。中国官员不敢怠慢，于是责令叶家花园不准对公众开放。

1933 年 2 月，叶贻铨和他在圣约翰大学求学期间的恩师颜福庆见面时，听到当时已任国立医学院院长的颜先生说,亟需筹建一所专门医治肺结核病人的医院,却受经济所困,力不从心。叶贻铨当即决定将价值 20 万两银子的叶家花园捐赠给国立医学院建立第二实习医院。

当年 6 月 15 日医院正式成立。为纪念叶的先父叶澄衷,取名为"澄衷肺病疗养院",颜福庆为首任院长。叶贻铨也获得当时政府教育部的嘉奖。

1937 年 11 月,上海沦陷后,澄衷肺病疗养院被侵华日军占领,侵华日军的头号战犯冈村宁次与土肥原曾潜居于此。后来这里又成为日本特务机关驻地。直到 1945 年抗战胜利,叶家花园才由上海医学院收回,仍名"澄衷肺病疗养院"。

1949 年上海解放后,叶家后裔将叶家花园献给国家。1950 年 4 月初,划归上海市卫生局领导。1956 年由政府接管,改名为上海肺结核病防治院。1957 年建医疗大楼和新病房,园门改设于政民路,土地扩至 200 亩,建筑面积 2400 平方米。1959 年改名为上海市第一结核病防治院,现为上海市第一肺科医院。

这一所三级甲等专科医院,今天仍在延续着叶家人悬壶济世的理想。

本文发表于 2014 年 7 月 11 日

甲午战争中的上海媒体 | 陈事美

具有浓郁家国情怀与理想主义的媒体人，在民族危难之际，以一颗拳拳爱国之心，积极呐喊，奋力鼓与呼，不仅提振了国人士气，还极大促进了民族觉醒。但由于时代的局限，清朝媒体缺乏国际视角与格局，并虚妄自大，盲目煽动民族对立情绪，甚至出现"笔杆子"欲指挥"枪杆子"的滑稽局面。

说起甲午战争，人们首先映入脑海的便是惨烈的中日海战；或者是津津乐道于，中日军事实力的对比，主战派与主和派的分歧；又或者，不能释怀于中国的没落与洋务运动的失败。而作为大时代的瞭望者，媒体在甲午战争中的表现却被无情地忽略。事实证明，媒体在甲午战争前后的舆论导向作用至关重要，甚至是影响战争发展的重要因素。

清朝的媒体，当然报纸是绝对老大。甲午战争期间，上海的报业已经非常发达，堪称全国媒体的风向标，比较知名的如《申报》《新闻报》《万国公报》《字林沪报》等。虽然甲午战争持续了不到一年的时间，但各媒体均给予了高度关注，从时局分析、战况报道、时事评论，再到批评政府、建言献计，可谓是全方位的多面聚焦。

具有浓郁家国情怀与理想主义的媒体人，在民族危难之际，以一颗拳拳爱国之心，积极呐喊，奋力鼓与呼，不仅提振了国人士气，还极大促进了民族觉醒。但由于时代的局限，清朝媒体缺乏国际视角与格局，并虚妄自大，盲目煽动民族对立情绪，甚至出现"笔杆子"欲指挥"枪杆子"的滑稽局面。

《申报》的远见

120 年前的中国,沙俄是中国最大的威胁,国人皆知,对于日本的蠢蠢欲动,大多数人丝毫未感觉到。但在甲午战争开战前的半年,朝鲜东学党起义后,《申报》就以特有的政治敏锐性,向政府与国人发出了警示:1894 年 1 月 27 日,刊发《闻朝鲜乱耗书后》一文,文中写道"日本人屡生觊觎,大有以琉球相待之意"。文章认为,日本人早有吞并朝鲜意图,似当年侵占琉球一样。

此时的清政府,还完全没有意识到日本企图借道朝鲜,侵略中国的野心。媒体有此远见卓识,一方面得益于作者对时局分析的判断能力,也得益于《申报》本身提供的平台。作为大报,《申报》既能吸引高端人才,又有专门的国外新闻渠道,加之政治嗅觉灵敏,自然要高于其他报纸。相比之下,《字林沪报》直到当年 5 月底,还没有搞清日本大幅增兵朝鲜的目的。

伴随甲午战争的开战,中国各大媒体纷纷开设专栏,密集报道战事。如"本馆接奉电音"、"政论"、"西电译要"、"窥日要言"等。由于清政府对媒体几无管制,媒体言论很大胆,在战争期间,可直接批评朝廷,以示监督。如对于北洋海军的建设问题,《字林沪报》在 9 月 30 日的文章中,直接批评通商大臣不敢申请造船,又抨击当权者认为造船是乱花钱的错误言论。10 月 5 日,在清军陆地战场节节败退之际,更是痛斥指挥者无能,"于此可知诸统将之实无能焉"。

不仅敢于批评,媒体甚至大胆建言,要求光绪皇帝御驾亲征。10 月 8 日,《字林沪报》发文《恭拟圣主亲征议》,要求光绪效仿宋真宗亲征契丹。文章认为,当下最要紧的是,皇帝需御驾亲征,"亲统六师,东征日本",甚至一鼓作气,直捣日本老巢。

书生建言

书生报国无他物,惟有手中笔似刀。报人主笔多为文人,理想主义较重,以慷慨激昂的文字救亡图存也在情理之中。甲午战败后,媒体更是发出了各种革新除弊,变法图强的声音。《新闻报》提出,应筑铁路、铸银钱、设邮政。同时,该报积极倡导向日本学习。"甲午一战,日本以彻底的西学大败了中国不彻底的西学。这一事实非常雄辩地为西学致强的实效作了证明。"

最重要一点,当时的报人就已经认识到政治体制改革的重要,认为中国必须在体制上彻底革新,"虽不能行民主之法,然君民共主之政似亦可以仿行,如设立上下议院,听民间公举贤才,议论政事,多开报馆代陈民难。"《新闻报》甚至为此提出了具体操作办法,可谓煞费苦心。

臆想"手撕鬼子"

在国家与民族的生死存亡之际,大部分中国媒体坚持与国家"同呼吸共命运"是值得肯定的,但同时也暴露了媒体的一些弊病,诸如虚妄自大,盲目煽动民族情绪对立,甚至是发布假新闻,误导舆论。

在甲午战争前,大多数媒体同国人一样,根本没把日本放在眼里,认为日本只是一个"东夷小国",而中国是"天朝上国"。日本打中国犹如"螳臂当车",中国打日本就是"泰山压卵"。日本明治维新的巨大进步被中国人赤果果地忽视,国人(包括以报人为代表的社会精英)的虚妄自大可见一斑。而英国人同样忽悠了中国人,曾在北洋水师任职的英水师提督琅威理就在《万国公报》的专访中,大言不惭地宣称,中国海军不仅足以战胜日本,即使打西方大国也绰绰有余。

正是这种错误的认知,激发了中国人盲目的爱国热情,各种愤青发出各种"抗日"的呼声,媒体更是连篇累牍地发表主战言论。在当时的氛围下,似乎国人打日本犹如"手撕鬼子"一般简单,殊不知这不是在横店影视城,而是与崛起的日本真刀真枪的血拼。当时的朝廷内,只有打过仗的李鸿章才知道自己到底吃过几碗干饭。

有媒体甚至直接列出了作战计划。《字林沪报》在8月22日刊发《审机》一文提出,中国海军应将日军围困在朝鲜,然后另派一支劲旅偷袭日本。若日军回撤,则可尾随追之而歼灭。瞧见没,这是真正的"笔杆子"指挥"枪杆子",文人好战,而武将却不想打仗。

一线新闻"失声"

由于清政府拒绝了随军记者的申请,在甲午战争期间,中国各大媒体只好通过朝廷内线、特约记者、外国译电等方式获取新闻源。在新闻时效上,落后外国媒体很多,准确性也很难保证。"牙山大捷"就是让人贻笑大方的一条假新闻。

与中国媒体形成强烈反差的是,日本非常善于操控国际舆论,仅仅随军报道的日本媒体就多达几十家,一百多名记者活跃在战争一线。不仅如此,日本还发动各地日本大使撰文,在世界主流媒体上发表文章,为宣传日本正义的国家形象展开公关,甚至不惜贿赂路透社。翻开当年世界大报关于甲午战争的报道,几乎全是日本的声音。

甲午战争后的次年,李鸿章访问纽约,在接受《纽约时报》采访时说:中国报纸不愿将真相告诉读者,中国的编辑们讲真话十分吝啬,只讲部分的真实。可是,媒体固然有责任,清政府难道不也是满嘴谎言吗?

本文发表于 2014 年 7 月 16 日

陆阿狗和他的同学们 王 海

【《解放日报》独家老照片】陆阿狗无疑是组成那个特殊时代符号的一滴墨迹,他坚实地存在过,又如微渺的沙砾,有意无意被时代遗忘。有时,时代须为此负责;有时,更像是命运的摆弄。

　　1952 年 8 月 29 日,星期五。中机二厂工人陆阿狗入住中国第一个工人新村曹杨新村整整两个月的日子。从本文所配的两幅照片看,拍摄时间是在当天早晨。陆阿狗和妻子带着两个年幼的孩子,走在自家楼前的弹格路上。旭日从身后照过来,在路面上留下斜斜的影子;陆阿狗告别家人,骑着二八大杠的自行车上班去。

　　即便是黑白照,也能感受到 62 年前的这一天,上海碧空如洗。照片上的男主人,尽管都只露出了侧脸,但那份安定从容,呼之欲出。

陆阿狗幸福的家庭生活(陆顺兴摄)

　　刚刚加入中国共产党的陆阿狗正处于一生荣耀的巅峰。之前一年的 4 月底,他作为首届由中央人民政府任命的全国劳模、上海工人的代表,被遴选入赴苏参加五一庆典的代表团;2 个月前,锣鼓喧天,陆阿狗和杨富珍、裔式娟等 100 多位工人劳模,搬迁入曹杨新村。在潘汉年等市领导之后,代表入住工人发言的正是陆阿狗——"感谢共产党感谢毛主席,想了一辈子的住房今天梦想成真了!"

　　据《解放日报》的资料,在 1951 年底三反运动开展之后,经过工人群众的推荐,在搬入曹杨新村前,陆阿狗已担任中机二厂(即今日二纺机)的副厂长。陆阿狗的鼎盛年代,还有两本畅销连环画以他为题材创作:《陆阿狗生产小组》和《向陆阿狗叔叔学习》。

荣耀的起点,和一个叫"马恒昌"的东北人攸关。

马恒昌是 1950 年代初闻名全国的先进班组——马恒昌小组创始人,原为沈阳第五机器厂工人。1948 年 11 月,沈阳刚刚解放,这个小组在马恒昌的带领下,在敌机不断骚扰轰炸的情况下,奋不顾身地完成一批批军工生产任务。马恒昌对工友们说:"工人阶级要用自己的模范行动来带动全国人民建设社会主义。"

1951 年抗美援朝战争爆发后,他通过《工人日报》向全国职工发出开展爱国主义劳动竞赛的建议。短短时间内,全国 1.8 万个班组响应。

陆阿狗班组是上海第一个应战的小组。作为技术革新的带头人,陆阿狗的核心贡献,在于对纺织机械上大牵伸装置的改造,以弹簧加压代替重锤加压后,可纺 42—60 高支纱,劳动生产率迅速提高。

之后,他的名气一路上扬。说陆阿狗是整个 1950 年代名头最响的上海工人并不为过。细究内里缘由,除了这个当初他的父母出于"贱命易活"心理起的名字令人注目外,一系列次第降临的光环却是实实在在:

1954 年 5 月底,上海首次评出陆阿狗、戴可都、裔式娟等 9 个先进班组,倡议全市职工开展技术革新运动;同年上海选出出席全国首届人大的 63 名代表,陆阿狗在列;在本文照片拍摄的一年多后的 1954 年,陆阿狗作为优秀基层工人的代表,又幸运被送入中国人民大学"工农速成中学",进京念书。

本文题目里的"同学",指的就是这个特殊年代的特殊班级里,在后来岁月里命运各异的一些普通人。

这个办在当时中国一流大学里的"速成中学",针对出身贫寒、表现优秀但文化水平相当较低的在职人员。陆阿狗同一时期的几位同学在上个世纪五六十年代的中国人那里可谓人尽皆知:高玉宝、郝建秀、郭俊卿、杭佩兰……

这个速成中学即为后来著名的人大附中的前身,创办于 1950 年 4 月,是当时唯一的教育部直属中学。至今人大附中百度词条"知名校友"一栏中有三个名字:

高玉宝、曾子墨、郝建秀。

该中学最初名称为"北京工农实验速成中学",1952 年正式移交人民大学主办。陆阿狗 1954 年入学时,在校学生已逾 1000 人,可谓济济一堂群英荟萃。那一段一生中难得的求学岁月里,陆阿狗在北京究竟如何?陆阿狗 1958 年后才离京,但速成中学既曰"速成",学时不可能长达四年,滞留京城,或另有任务。

目前仅能查到很少的回忆资料显示,1956 年左右,他的妻子也去了北京,并在人民大学历史教研室谋得一个教务秘书的职务。

1958 年,陆阿狗回沪。1958 对陆而言是一个神秘的数字——自从这一年以后,他神奇地从各类媒体中消失了。

在《解放日报》的资料库中,有"陆阿狗"关键词的文章从 1950 年到 2012 年共 401 篇,在顶峰期的 1951 年,共有 112 篇含有"陆阿狗"的文章发表于《解放日报》;1958 年,仅有一篇"陆阿狗"见刊。而且自那以后,整个 1960 年代,"陆阿狗"出现了十次,1970 年代一次,1980 年代无,1990 年代两次……

迄今,这个名字最后一次出现在《解放日报》是 2012 年,在回忆曹杨新村"两万户"的一篇文章中。而我本人大约是最近几十年里唯一采访过他的记者。1994 年我在供职的《劳动报》做"昔日劳模"系列,我的领导脱口而出:"找陆阿狗!"他也没见过陆本人,但无疑这个名字太令人难忘了。

经过一番周折,我在天山附近一间旧式工房中找到了他,当时年已七旬的陆阿狗大病初愈,精神还算可以,对我的来访非常惊讶。当年我问了些什么,现在完全记不得了。唯一印象深刻的是,采访结束后,他送我到昏暗的楼道口停驻,站在那里,剪影落寞。

陆阿狗的同学里,高玉宝就是那个以写《半夜鸡叫》闻名、近年其内容合理性引发巨大争议的战士作家高玉宝。高玉宝在人大呆到 1962 年才离开,从时间上看,应该接受了完整的高等教育。

与陆阿狗一同来自上海的劳模杭佩兰比陆稍早几个月进入人大工农速成中学。上海缫丝厂童工出身的杭与陆同样来自上海棉纺系统,和陆阿狗不同的是,杭回沪后继续进入华东纺织工学院(中国纺织大学前身)棉织系深造,后任北京第二棉纺织厂技术员、工程师，1984年以副局级待遇离休。

陆阿狗的另一名女同学郝建秀更厉害。与陆同年就读速成中学的青岛姑娘郝建秀当时不到20岁，已经因发明"郝建秀工作法"而名噪全国。

和杭佩兰的轨迹近似，郝从速成中学毕业后，进入华东纺织工学院学习，毕业后回到青岛原厂，先后任技术员、青岛国棉八厂副厂长等职，以后先后在青岛市及山东省担任领导职务，1977年起先后任纺织工业部副部长、全国妇联副主席、纺织工业部部长、中央书记处书记、国家计委副主任、国家发展计划委员会副主任、全国政协副主席等职，跻身"党和国家领导人"之列。

陆同学里另有一名传奇女生郭俊卿，人称"现代花木兰"。郭女扮男装参加东北四野，奋勇作战立下特等战功，居然直到5年后才被发现是女儿身。她的事迹后来被拍成电影《战火中的青春》。回忆资料中，郭俊卿在人大速成中学里形单影只，常常身穿军服独自坐在运动场一隅默默观看同学比赛。郭的经历比较令人唏嘘，因在战争中落下了严重的疾病失去生育能力，她拒绝了爱情，在52岁那年去世。

除了"同学"，还可以看看陆阿狗的"邻居"。在1952年6月首批入住曹杨新村的劳模中，两个名字一直和陆阿狗前后联接：杨富珍、裔式娟。这两位我在1994年的专题系列中同样采访到了。看看她们的人生轨迹——

裔式娟，1929年出生江苏盐城，全国著名劳动模范。1950年代任上海第二棉纺织厂裔式娟小组组长，带领小组钻研技术，学习郝建秀工作法。自1953年起，连续八年全面超额完成生产计划，产品的数量与质量均达到全国先进水平。被八次评为全国劳动模范。1978年起，任上海市总工会副主席。是第一至六届全国人大代表、第五届全国人大常委。

杨富珍，1949年1月加入中国共产党并参加工作。1949年至1968年2月为上海国棉一厂挡车工、工会小组长、革命委员会召集人。后历任普陀区革委会主任、上海市委常委、市革委会副主任；1980年代初任市委常委、徐汇区委书记、区长兼人大常委会主任……杨富珍还是中共第九届中央委员，第十、十一届中央候补委员。

和上边这些同学、邻居们丰富多姿的人生相比，站在公共传播的视角，陆阿狗中年之后的生活经历如同人间蒸发。在互联网如此发达的今天,"陆阿狗"三个字仅仅存在于搜索引擎快照极其有限的信息中。除此之外,如羚羊挂角,无迹可寻。

陆阿狗现在还在世吗? 2000 年代初一次劳模活动有人曾经试图找陆老参加,但囿于信息残缺无法找寻,未果。

经过查询,沉睡在报纸合订本中的一则消息可以回答这个问题了——

《解放日报》2001 年 3 月 20 日第 10 版:【讣告】中国共产党党员,第一届全国人民代表大会代表、上海市第一、第二、第三届人民代表大会代表、上海市劳动模范、上海市农业科学院科研处副处级退休干部陆阿狗同志,因心肌梗塞,抢救无效,于 2001 年 3 月 16 日 6 时在上海市第六人民医院逝世,享年 78 岁。

陆阿狗无疑是组成那个特殊时代符号的一滴墨迹,他坚实地存在过,又如微渺的沙砾,有意无意被时代遗忘。有时,时代须为此负责;有时,更像是命运的摆弄。

结束本文之前,说点题外话。陆阿狗成为著名劳模之后,人们惊奇地发现,同名同姓的"陆阿狗"仅在上海就有几十个,其中也有和他一样成为劳模的。而我们今天所说的,是那个曾经沐浴朝阳,在曹杨新村簇新的弹格路上悠闲踱过方步、对未来有过无限憧憬的那个陆阿狗。

那年他 27 岁。

(本文提及的陆阿狗的同学和邻居,除郭俊卿外,其余均在世)

本文发表于 2014 年 8 月 9 日

1951:
梧桐细雨淮海路 | 王　海

【《解放日报》独家老照片】相比 63 年前，淮海中路上消失的梧桐树大约在 70 至 110 棵之间。

2014 年 8 月 28 日晚,我决定做一次人肉实验。

实验想解开一个我心头萦绕许久的谜题:淮海路上究竟有多少棵梧桐树?

实验的动机,源于一张解放日报摄影库里的老照片。

按照编号所示,照片摄于 1951 年 7 月 6 日,整整 63 年前。这张从未发表过的照片说明不过百余字,但即便在今天读来,其"锐度"依旧:"淮海路街道抗美援朝宣传展览形式主义严重,淮海中路沿街八百多棵树杆上,一律围上红白相间的布条,并将三千多盏彩色电灯分别悬于树枝上。将这些树予以不必要的美化,与抗美援朝的宣传教育毫无关联,而所耗的红、白布与电灯,为数甚大。这样,即将严肃的政治宣传工作庸俗化了。"

我感兴趣的是其中的核心词和数字:淮海中路,梧桐树,八百多棵。

按照上海人的习惯,"淮海路"其实特指东起西藏南路,西至华山路的淮海中路一段。我的实验就选取这一路段。方式:人肉数数,先从淮海中路华山路从西往东到淮海中路西藏南路,再从东往西数回到华山路;误差:单边小于 10 棵。

凉风习习,车子在静默中前行,梧桐的疏影在灯光折射下幻化出各种陆离。正是上海一年中气候最宜人的时节。

实验结果令我十分惊讶:淮海中路由西向东数,南侧的梧桐树为 368 棵;由东往西数,369 棵。如果选取淮海中路最核心的路段——从西藏南路至陕西南路商业最集中的 2.2 公里来看,路南侧梧桐树为 195 棵,路北侧为 198 棵。非常地轴对称。

如是,淮海中路两侧梧桐树的总量为 737 棵。按照老照片图说里"八百多棵"的线索,如果取"八百多"的中间值 850 的话,则相比 63 年前,淮海中路上消失的梧桐树大约在 70 至 110 棵之间。这些消失的树木如果平摊到接近 5 公里的淮海中路段或许并不算什么,但是为什么上海人的"体感"会觉得"树荫少了很多"?

淮海路的梧桐疏影,已逾百年。淮海中路辟筑于 1900 年,辟通于 1901 年。辟筑之初,东段名西江路,西段名宝昌路。1902 年,法国人开始在道路两边种植梧桐树。

梧桐在植物分类学上属悬铃木科。原产欧洲东南部、印度一带。17 世纪经英国人的嫁接,培育杂交成二球悬铃木,取名"英国梧桐"。在欧洲广泛栽培后,法国人把它带到上海,以慰思乡之情。因创意源自法国人、长于法租界而被上海人名之"法国梧桐"。

1951 年 7 月,当解放日报摄影记者站在淮海路上按下相机快门的瞬间,淮海路的梧桐已见证了近半个世纪的时光。那天应该下了点小雨,从路边的街景看,无从与今日对照。照片左侧的篱笆墙(上海话读作:墙篱笆)今日早已无影踪。

但仅从篱笆墙这一物件,可看出此时的淮海路风貌已与筑路之初有所不同:早在 1900 年法租界就明文规定:嵩山路以西的建筑,必须是两层以上砖石结构的欧式楼房,与道路保持不少于 10 步的距离,周围必须有花园或树木,不得以实体墙或篱笆封闭。

法国人的设计中,不想让淮海路成为第二条喧嚣的南京路,而代之以浓荫遮蔽、格调优雅的法式居住区。而梧桐树便是构成沪上"优雅法式生活"的主要标签之一,几乎伴随着梧桐树的生根,大批艺术风格浓郁的建筑开始出现。此时恰逢世界建筑史上的革命性产品"水泥"广泛用于建材。大批花园洋房和公寓构筑成淮海路两侧魔幻般的艺术住宅风景线。

从照片上梧桐树冠所能遮蔽的面积看,1951 年的淮海路远未达到梧桐荫翳遮天的程度。63 年过去,在 2014 年 8 月 24 日晚本人的"梧桐实验"过程中,如照片般粗细的梧桐多见于淮海中路陕西南路至西藏中路一段。

这一段路,1992 年,因为淮海路商业改造及建设地铁一号线的缘故,大批栽于 1902 年筑路之初的梧桐惨遭砍伐,当年在上海滩曾引起舆论哗然。

资料显示,淮海路商业街行道树"光秃秃"的日子至少延续了好几年。1995 年 9 月 16 日的《新民晚报》曾刊文:"……保护绿化的问题,已到了何等严重程度。……比如众人注意的淮海路砍树后到底该不该补种的事,已成了大众注意的焦点。那里迄今仍是光秃一片,不但已失当日绿荫之景,连顾客上街购物,也要打伞遮阳,哪能不引来怨言。"

显然,今日我们淮海路所见如 63 年前旧照上粗细的梧桐树,即为日后补种。这些比成人大腿没粗太多的梧桐,树冠所及刚达上街沿,这便是人们今日对梧桐荫翳"体感不足"的主要原因。如果大家要感受原汁原味的淮海路梧桐树,据我观察可去在淮海中路武康路—湖南路段或者衡山路、天平路、余庆路。此处梧桐,腰围最大的可令成人合抱,树叶飒飒作响,走在人行道上,方可感受何为"最好的上海"。

22年前,究竟有多少棵梧桐树一夜之间从淮海路人间蒸发,不得而知。但从前述数据看,63年前的淮海中路梧桐树的数量比今日多70—110棵,这是算上日后补种的,则当年"优雅"为"商业"让道时,灭失的梧桐远不止这些。下边的数据或许可以说明些什么——近年上海因为修建13号线地铁而"搬迁"了茂名北路和石门一路一带的"法国梧桐",数量几何? 150棵。

回到1951年的淮海路老照片。摄影记者没有发表出来的图片说明里提到将"严肃"事情"庸俗化"的彩灯,在1990年代之后大量用于淮海中路的沿街装饰。其中最夸张的造型,是以两边梧桐为桥,荧光灯横跨淮海路,俾睨众生。当然,那时已非政治宣传而仅是商业造势了。直至2007年五一节前夕,才被当时的卢湾区商业部门以"不利于梧桐树生长"为由撤下。

此时,距离黑白照片上那个微雨后的淮海路,已经过去了56年。

(图片来源:《解放日报》老照片)

本文发表于2014年8月31日

复兴岛:
黄浦江上有个岛 | 许云倩

【地标记忆】那是一个英雄主义凯歌响彻全中国的年代,小英雄奋不顾身保护国家财产抢救他人生命的故事层出不穷。《红小兵刊》《红小兵报》上连篇累牍都是小英雄的故事,小英雄怎样为革命刻苦学习,怎样勇敢与岛上的阶级敌人斗争,怎样帮助手脚不便的老大娘……

小岛更迭史

复兴岛是黄浦江上唯一的小岛,最初的名字叫作周家嘴岛,因黄浦江边有个叫周家嘴的村落而得名(附近的周家嘴路想必也由此而来)。上世纪初,上海浚浦局利用黄浦江淤泥填起一座人工岛,岛长3.42公里,平均宽度427米,最宽处在中部约550米,面积1.13平方公里,距吴淞口约16公里。

1927年冬,上海浚浦局用40万两白银,买下了这块官有滩地,加以开发使用。当年12月,岛的南端兴建定海路桥,这是当时陆地和小岛唯一的通道。浚浦局在岛上修建了道路,取名浚浦西路(今共青路)、浚浦东路等,还在岛的中部建造了浚浦局员工俱乐部,供外籍职工度假。岛上有土木建筑工场及原料仓库,以导堤、驳岸、浮筒、厂房营造修理为主要业务。岛上还建有大中华造船厂、中国植物油料公司、美孚火油公司等。

1936年5月11日,国民政府在此建立上海鱼市场,原南市十六铺小东门的鱼贩,纷纷搬迁过来。借着黄浦江之便利,小岛码头上的鱼船一度多达40余条,进场交易的鱼贩达4000多人。直到"八一三事变"后,鱼市场全面停顿,日本海军陆战

107

复兴岛第一艘驳船下水(《申报》老照片)

停靠在复兴岛码头的渔船(《申报》老照片)

队强占该岛,改名定海岛。1939 年至 1941 年被改成日本名字昭和岛。

　　侵略者强行赶走岛上原来的职工和居民,在定海桥上布下铁丝网,并把大中华造船厂改为军械修理工厂,全岛成为日军的补给基地。浚浦局员工俱乐部边上造了一座别墅，供日军休憩享乐。这是国人最受屈辱的时代，也是这座小岛一段不堪回首的变奏。

抗战胜利后，小岛改名为复兴岛，重归浚浦局管理。但因缺乏管理修缮，岛上晴天尘土飞扬，雨天道路泥泞，冷冷清清，人烟稀少。后来这里又成了美军剩余物资储存站，其中就有曾在上海流行一时的舶来品克宁奶粉（英文名"KLIM"，是牛奶"milk"的字母反序所得。编者注）、水壶、雨衣、挎包等。

据经济学家茅于轼回忆，当时他正在上海交大读书，食堂的伙食很糟糕，大学生经常吃美军的 ration（配额给养），一个涂蜡包装的纸盒子，重量不过一磅多，但是营养足够一个成人所需。里面有几片饼干，一个肉罐头，一块巧克力，几支香烟和一卷手纸。盒子的内容不尽相同，每次打开，像挖宝藏似的，想看看有什么新花样。美军的剩余物资吃穿用一应俱全。

用美军剩余物资中的零件材料建造的驳船（《新闻报》老照片）

上海解放前夕，蒋介石由奉化乘"永泰"号军舰悄悄来沪，潜入复兴岛。军方封岛后，蒋住在岛上浚浦局职工俱乐部。随着国共两党战火日渐迫近，蒋介石乘舰离开了这座见证他起步发迹的城市，从此再无回转。

解放后，复兴岛成为以工业、渔业为主的基地。开设燃料、木材、石油、仓储、造船、渔业等企业，建有中华造船厂、上海鱼品厂、上海海洋渔业公司、上海渔轮厂、东海制药厂以及各种储运仓库。岛的中部有复兴岛公园。北部住有少量居民。居民区附近，也有烟杂、食品、饮食、菜场以及邮局、书店等配套设施，堪称麻雀虽小五脏俱全。1958 年，全市共青团员义务劳动重修复兴岛浚浦西路，由此更名为共青路。

破木桥和小英雄

我小时候就去过复兴岛。当时除了有一座定海路通往复兴岛的钢筋水泥大桥之外，还有一座木结构小桥连接小岛和陆地。走在歪歪斜斜的桥上，真有点惊心动魄。桥上木板早已破烂不堪，有些已经掉落，空缺处一只脚就能滑落下去。一步步小心走着，根本不敢看脚下可以直视的江面。

其实，这座桥令人生畏已久，主要源于一则少年英雄故事。一个小女孩以生命的代价，使我的母校——军工路第一小学闻名全上海（虽然那时我还没入学）。这个小女孩名叫张桂兰，和上世纪 70 年代著名配音演员张桂兰同名同姓。住在复兴岛上的她，为救桥边落水儿童献出了生命。一个小学生就这样实现了她的英雄梦想，却永远闻不到复兴岛上咸湿的鱼腥味了。

那是一个英雄主义凯歌响彻全中国的年代，小英雄奋不顾身保护国家财产抢救他人生命的故事层出不穷。《红小兵刊》《红小兵报》上连篇累牍都是小英雄的故事，小英雄怎样为革命刻苦学习，怎样勇敢与岛上的阶级敌人斗争，怎样帮助手脚不便的老大娘……

张桂兰的故事，让孩子们长时间在桥边徘徊，希望再来一个落水儿童；听完戴碧荣冲上铁轨舍身救人的故事，孩子们又在铁路边转悠，寻找下一个成为英雄的机会。

来自小岛的同学

这些英雄故事，加上自己的亲身体验，使我对这座小桥望而生畏。当我在机械学院的校园里读小学时，我们班有五六个同学就是来自复兴岛的，他们多数都是部队子弟，说着一口岛上特有的普通话，带那么点苏北口音，咸呛呛的有点像岛上常年飘散的鱼鲜味，穿着行事显得朴实爽直。

想到他们每天都要走那座小桥来上学，我就感觉他们像每天要冒着敌人炮火前进的小八路。后来，不知发生了怎样的事故，岛上的家长终于不敢再让孩子们过小桥了，那些同学集体转学到了定海路附近的小学。

上世纪七十年代中期，这里终于有了一座现代化的大桥——海安路桥。如此一来，我们再无上岛时的恐惧。有个同学的姐姐，中学毕业分配在岛上的菜场，我和同学就相约早上 5 点多起床上岛买菜。只记得那个菜场十分袖珍，菜源也不多。以后再没去过。

我母亲当时在图们路的广远新村小学工作，她很多学生的家长都在复兴岛工作，经常给我们代买一些处理的鱼罐头。买得最多的是一种玻璃罐装的"橡皮鱼"，有红烧的，也有咖喱的，这大概就是岛上散发鱼腥味的由来。

1975 年的秋天，我和妹妹一清早随父亲在复兴岛的一个码头，登上一艘渔船。当时，父亲在厦门水产学院，给一个特设的"远洋班"上课。据说这个班是专为全国沿海地区培养远洋人才的，将来毕业，不是船长至少也是大副。父亲自编教材教他们英语。因厦门无法出海实习，他们全体师生到上海"开门办学"。

我和妹妹刚一踏上船，这些年纪比父亲小不了几岁的学生就开玩笑说："噢，来了两'千金'，重了一吨呀!"学生中间有一个姓"袁"的来头很大，据说是王洪文的小兄弟，在复兴岛造反起家，谈吐间感觉良好。他问了我和妹妹的小名，半开玩笑地说："哟，小资情调蛮重的嘛!"我们两"千金"，在说笑声中，随他们驾船从复兴岛沿着黄浦江开往闵行。

这么多年来，很多上海人都有一个梦，希望这黄浦江上唯一的小岛能以它独有的地理优势，变成一个鸟语花香的市民乐园。不知道这个梦，未来能实现吗?

本文发表于 2014 年 9 月 2 日

大自鸣钟：
文青忘不了的淘碟圣地 | 陈意心

从 2001 年到 2008 年，这座苏州河边的三层楼建筑成了休息日文艺青年的聚会地甚至约会地。

"夜留下一片寂寞，河边不见人影一个…我们走着迷失了方向…"这是上世纪三零年代由姚敏创作、姚莉演唱的流行时代曲《苏州河边》，这也是苏州河第一次被流行音乐现代而诗意地演绎。

如同塞纳河之于巴黎，泰晤士河之于伦敦，上海人对苏州河的感情也非同一般。这条河流的过去和当下，有很多有意思的故事。

沿着苏州河，从起点外白渡桥到邮政局大楼、河滨大楼、四行仓库、苏河现代艺术馆再到火爆异常的演出场地"浅水湾文化中心"、画廊林立的"M50 创意园区"……每一处都是引人入胜的神秘宝地，而我对苏州河的记忆，大部分和"大自鸣钟"有关。

所谓大自鸣钟，是苏州河流经普陀区的十八段河湾中近西康路桥那段区域，因为 1926 年长寿路西康路路口曾经建起过一座叫"大自鸣钟"钟塔而得名。上世纪三四十年代，那里曾有四百多家商店，成为当时沪西市民的商业购物中心。而从 2001 年到 2008 年，那里成了碟友们的淘碟圣地。DZMZ（"大自鸣钟"的拼音首字母缩写，也被戏称为"打桩模子"）也成为碟友间心领神会的江湖切口。

那时网络上流行 BBS，我在一个名为"现代变奏"的摇滚社区混。不久我"鲜格格"当起了海报碟报区的斑竹，上班之余还肩负为论坛碟友搜寻上海淘碟场所的任务。从中学起，我曾经在延安路中国图书公司后门、汾阳路音乐学院门前还有华亭路服装市场里找到过一些远渡重洋的原版打口CD。在mp3未出现前，这些唱片是国内大部分文艺青年的精神食粮来源。

一次偶然的机会，我在胶州路乐淘氏二手电子市场里听说，西康路桥边有座大自鸣钟电子市场，那里也有这些洋货。某天中午，我第一次来到市场，这是座三层楼建筑，位于西康路和昌化路口，大部分摊位卖二手音响和电子产品，少数摊位卖DVD，比外面便宜很多。

大自鸣钟电子市场的三层楼建筑（作者提供）

三楼有两家摊位引起了我的注意，一个是当时市场里唯一卖打口CD的老汪，他从广东汕头进货的古典唱片和英式摇滚乐种类非常诱人，而且CD品相保存完好；还有家是老汪对面的苏三姐弟，"苏三"的名字据说是当时另一个热门论坛DVD288上影迷起的，因为姐姐是苏北人又在大自鸣钟三楼卖碟，所以简称"苏三"，她和弟弟一起经营的这家摊位以大师文艺片DVD为主，几乎是当时全上海品质最好且最齐全的。分类也很清楚，国外片、文艺片、商业片、国内片、亚洲片、电视剧、动画片甚至纪录片，应有尽有。

苏三姐弟对影片的熟悉程度也令人乍舌，很多国内外导演和独立电影、地下电影，我都是从他们口中第一次听到。可以说，正是在苏三姐弟的"熏陶"下，我从一个普通电影爱好者逐渐成了DVD收藏者。

苏三姐弟对碟片的归类方法很专业，我后来到国外旅游，路过专业音像店，发现老外也是用同样的分类方法对碟片进行归类。总之，称苏三姐弟为城中最专业、最敬业的碟贩，一点都不为过。后来，他们的名气随着大自鸣钟市场的崛起，逐渐为文艺爱好者们所知并传播，进而成为一段神话。

2001 年至 2008 年是大自鸣钟电子市场最鼎盛时期,当时整个市场有好几十户商家,几乎全上海的碟贩都会在这里设摊,经营地下音像生意。摊主间的市场细分和差别化经营也极有特色:

摊位上玲琅满目的碟片(作者提供)

一楼的"小张姐妹",把国外独立厂牌的音乐 CD 罗列齐全,可以找到从 4AD、Projekt 到 Labrador、ECM 这些小众艺术音乐的 label;"老张兄弟"的音乐类 DVD 最多,从演唱会到 MTV 是全上海种类最丰富的;还有的专门卖日文原版唱片和影碟,相比欧美产品的粗线条,日本的文化出版物更精致且花头更浓,随碟经常附送各种精美衍生品玩具;三楼的"老汪"生意也越来越好,还在外头开了分店;而"苏三"当然依旧是文艺片女神,很多即将远赴海外的文艺青年,经常大包小包从她那里买碟,以便空运去国外一解精神空虚之苦。

对"现代变奏"这个 bbs 社区而言,大自鸣钟则是周末最佳交友场地,很多摊位一到新货,就会有网友一清早守在市场口排队等待开门抢碟,被戏称为"开头箱"。也有斯文的碟友,在论坛海报区贴出闲置的二手碟片,然后相约到大自鸣钟接头交易,这被戏称为"面交"。

就这样,这座苏州河边的三层楼建筑成了休息日文艺青年的聚会地甚至约会

专卖日本影片的摊位(作者提供)

地。最热闹的时候，市场门口摆满了各种"黑暗料理"摊位，有几次还看到杂耍艺人在路口表演。唯一惊心动魄的时刻，是文化稽查队来检查市场，猫捉老鼠的情形比电影里还要惊险刺激。

到 2008 年 1 月，我们这些整天做着白日梦的年轻人们终于被拉回现实——由于市政动迁，大自鸣钟市场即将关闭。听到消息，突然有些伤感，最后几天，我拉着朋友作掩护，偷偷拿 DV 摄像机在市场里拍了些影像作为留念。两三年后，这些影像成为我拍《大自鸣钟》短片的原始素材。

"大自鸣钟"的最终结局是，市场搬走了，楼却没有完全拆除。当我再次走上西康路桥，回望这座荒废的建筑，曾经的人声鼎沸已成过往云烟，只有门前替路人剪头发的中年男子和挑着担子卖酒酿的老阿婆还依稀有些全盛时代的影子。

这个市场，曾经在开放之初，敞开拥抱各种怪力乱神、各种创意和想象力，还培育出一批专业品味的从业人员，虽然，从法律意义上来说，卖盗版碟，终究是违法的。

本文发表于 2014 年 9 月 25 日

《一步之遥》与阎瑞生案 | 秦 凌

在当时算得上高级知识分子的大学生堕落为杀人犯,一代名妓惨死,警方千里大追捕,此案集合众多吸引眼球的元素,马上被改编成小说、文明戏、京剧、评话,成为妇孺皆知的热门话题。

姜文新片《一步之遥》距离上映只有一步之遥,电影故事的原型就是上世纪 20 年代发生在上海的"阎瑞生案"(据戛纳电影节姜文专访,电影只截取了"花国大选"和"总统遇害"两个核心元素,整个故事被重新编织,更具悬疑和荒诞感)。

这个案件在当时被称为奇案、疑案、大案,后世也不断有各种基于此案的电影小说故事。但说实在的,本案无论从从作案动机、作案手法还是侦破过程来看,都平淡无奇,完全无从演绎。

真实的案件经过是这样的:震旦大学肄业、曾在洋行担任高级白领的阎瑞生,因为吃喝嫖赌,入不敷出,欠下巨额债务,于是问同学中的富商公子借了辆车,伙同吴春芳、方日珊二个帮凶,将被称为"花国总理"的高级妓女王莲英约出来兜风,到了荒野趁机抢夺财物,并将其杀害。案发后,畏罪潜逃,被跨省抓捕归案。公共租界法庭将阎瑞生及吴春芳引渡给北洋军阀淞沪护军使管辖的军事法庭,1920 年 11 月 23 日,二人被判处死刑,执行枪决(方日珊逃走,不知所终)。

花国总理王莲英

死者王莲英是"花国总理",这个头衔和所谓的"花国选举"有关。花国选举其实跟选美比赛差不多,不过参选者职业特殊——她们是妓女。据记载早在北宋熙宁年间,汴京就有了品评妓女的"花榜",而且赛事组织、评选标准、评委地位、社会影响都是相当的讲究。

民国六年(1917年),新世界游戏场别出心裁地创办过一次群芳选举大会,聘请《新世界报》总编辑奚燕子为大会主任,仿效民初的选举制度,由游客和嫖客购买选票,一票售价一元,选票上需填写妓女所在妓院地址及妓女优点。此次入选妓女达210余人。这种"选举"中,主办方得到了可观的商业利益,妓女身价得以抬高,小报博取了眼球,市民也得到了娱乐。花国选举一经获胜,如登龙门,因此获得魁首的往往是有权势金钱支持的妓女。不过,本案的被害人王莲英是个草根逆袭的例外。

这届花国选举中,王莲英一身男装,"浅灰袍裤金马甲",款款登上共和厅正中的歌台,放声唱了一曲荡气回肠的《逍遥津》,顿时赢得满堂彩,之后力压群芳,得了1.8万余票,戴上了"花国总理"(第二名)的桂冠。自此之后王莲英身价倍增,"对于衣服饰物唯奢是求,手指上常御大钻戒,光耀炫目",这也成了她后来惹祸的根苗。

脱底棺材阎瑞生

阎瑞生在后来的戏剧电影中被塑造成"再世阎罗王",在剧作家的生花妙笔下,他成了一个从小就有反社会变态人格的天生杀人狂。不过,从案件本身来看,毋宁说这是一个普通的刑事案件。犯罪情节虽然严重恶劣,但和变态连环杀手等反社会人格犯罪或者在自身感觉上具有较弱的"不法意识",自我粉饰、高智商的白领犯罪(white-collar crime)迥然不同。

1920年6月7日、8日,阎瑞生两次借故与王莲英见面,打量她身上所戴的饰物,估计值四五千大洋,起了犯罪的心思。临走时约王莲英明日下午6点钟到小林黛玉处吃花酒开局,王莲英见阎瑞生文质彬彬,又是富二代朱家小开的朋友,便应允了。

　　6月9日傍晚,阎瑞生向朱老五(沪上闻人、知名富商朱葆三的五儿子,经考证即后来担任过天利洋行和汉口礼和洋行买办的朱子昭)借了辆高级轿车,与帮凶吴春芳、方日珊随带绳子、麻醉药水,开至福裕里弄堂口外,叮嘱两人在茶馆等候,不见不散。然后把车开到小林黛玉那里,说是约了朋友在此吃酒打牌,请她与王莲英作陪。6点半,王莲英来了,阎瑞生连连赔不是,说朋友临时去处理生意上的事,晚一个钟头到,自己有轿车在,可以先带着她兜兜风。

　　上世纪20年代的上海,轿车算是稀罕的奢侈品,坐车兜风是蛮风光的,王莲英也是个爱出风头的人,没有怀疑就跟着阎瑞生上了车。这时,车上还有阎瑞生的两个同伙吴春芳与方日珊,车开出四马路(今福州路),拐入西藏路,再进静安寺路(今南京西路),然后一直西行到曹家渡,经北新泾到虹桥,又向东到南洋公学(今交通大学徐汇校区),再调头向南,及至抵达徐家汇附近,天色完全黑了,路上也无行人。阎瑞生将车停到一片麦田边,吴春芳与方日珊即拿出沾满事前从金星药房购买的哥罗方药水(麻醉药水)的棉絮猛然捂住王莲英口鼻,后者一边挣扎一边哀求:"哥哥,你要钱,我给你钱好了,你不要弄死我的命……"但此时哀告求饶都已经无法感化这几个凶残的歹徒了。为防止王莲英报案,阎瑞生等三人在劫走"大小钻戒各一只,珠项圈一个,碎钻耳环一对,碎钻挖耳一支,碎钻手镯一只,碎钻别针二只,金手表一只,金小镜一面"后用绳索将其勒死,随后又将之弃尸麦田。

　　事发后,警方追查极严,没有掩埋的王莲英尸体和当时比较稀罕的车牌号码为1240号的朱家的轿车,成为案件侦破的关键。阎瑞生惶惶不可终日,东躲西藏,先后遁迹松江、海州和青岛等地,最后在徐州火车站被警方抓捕,递解回沪。

我国第一部故事长片

　　在当时算得上高级知识分子的大学生堕落为杀人犯,一代名妓惨死,警方千里大追捕,此案集合众多吸引眼球的元素,马上被改编成小说、文明戏、京剧、评话,成为妇孺皆知的热门话题。徐欣夫、顾肯夫、施彬元、邵鹏、陈寿芝等中国第一代电影发烧友也抓住商机,"众筹"融资,并以支付"租金"方式联合商务印书馆影戏部,投资拍摄关于此案的电影.

电影《阎瑞生》于 1921 年 7 月在夏令配克影戏院上映。在此之前,因资金和技术的阈限,中国故事片都是不足 20 分钟的短片(包括成立 4 年的商务印书馆影戏部拍摄的都是短片),100 多分钟的《阎瑞生》是第一部国产故事长片。短片在影院基本都是作为外国故事长片的"余兴节目",在前后插映,票房收益处于外国电影吃肉中国电影喝汤的状态。而《阎瑞生》在票房上大获成功,"一日所售,竟达一千三百余元","连映一星期,共赢洋四千余元"。

独立制作的国产故事长片的出现,使得当时在外国电影挤压下山重水复的中国电影变得柳暗花明,《阎瑞生》的意义还在于其"独立制片"的特征———出资拍摄《阎瑞生》的几个人并不属于任何影业公司,他们的操作方式即使在今天看来,也是一次创新而又完美的商业谋划和运作。

1938 年,知名导演关文清在香港制作拍摄同名电影《阎瑞生》,主演包括叶弗弱、赵美娥、花影容、邝山笑、曹绮文等名演员,同样获得票房成功,1941 年,陈翼青导演的另一戏曲片版《阎瑞生》电影在大陆公映。时至今日,《枪毙阎瑞生》仍然是德云社"非著名相声演员"郭德纲的剧场版保留曲目,加上即将公映的姜文新片《一步之遥》,"花国总理"遇害案留下的印迹依旧没有烟消云散。

本文发表于 2014 年 12 月 11 日

上海"差头"的百年风云 | 秦　凌

起步费和单价相对较低的"小夏利"始终是许多会过日子的上海人的最爱。看着好几辆桑塔纳空驶而过,独独等候物美价廉小夏利的人也不在少数。

出租车是上海市民必不可少的交通出行方式之一,每次调价总会引起大家的关注。事实上,自从上海滩最早出现"差头"至今的一百多年里,价格起起伏伏,但出租车的日益平民化,的确是不争的事实。

上海最早出现出租车,可追溯至清朝光绪三十四年。当年农历八月十五(公元1908 年 9 月 10 日),美商环球供应公司百货商场开设汽车出租部,其目的是为前来购物的顾客提供出租汽车服务,其计价方式是按时间来算的。

《字林西报》的广告是这样说的:"坐落在四川路 97 号环球供应公司,五座乘客,汽车出租,车价第一小时银元 6 元,以后每小时 4 元……"根据陈存仁先生在《银元时代生活史》中的记录,当时 1 个银元可兑换铜元 128 枚。那就是说,当时出租车的"起步价"是 768 枚铜元。

当时城隍庙的酒酿圆子每碗铜元 2 枚;一碗大肉面 4 个铜元;"荷兰水(汽水)"每瓶 2 个铜元。如果把"荷兰水"粗略等同于现在一瓶 3 元的汽水,那当时坐一回出租车基本上就是现在"一掷千金"的节奏,所以只有中外富商、洋场小开和达官显贵才会乘坐。

宣统三年(1911 年),《字林西报》又刊登过按英里计费的出租车价目表,这是上海出租车最早按照里程计价的记录,但当时上海闹市区域不大,大多数路途都不超过 1 英里,按里程计价并不实际。因此,民国时期上海出租车大多采用按时计费。

也是在同一年,上海公共租界工部局批准平治门洋行经营出租汽车,这是上海最早面向公众的出租汽车企业。民国元年(1912 年),华商飞隆、亿泰等出租汽车企业相继创立。1927 年,全市有出租汽车企业 24 家,到 1936 年达 95 家。抗日战争与解放战争时期,外商出租汽车企业纷纷关闭,华商企业也大多数歇业或转业。1949 年春,出租汽车企业尚存 29 家,经营举步维艰。

民国时期最有名的当属祥生汽车公司。公司于民国 8 年(1919 年)由周祥生以1 辆旧汽车起家,1931 年招股设立华商祥生汽车股份有限公司。由于经营有方,业务迅速发展,到 1936 年,祥生的资本总额已达 50 万元法币,拥有营运车辆 270 辆,分行 22 处遍布全市。

祥生公司的叫车电话是 40000,由于和当时中国人口总数四万万恰好巧合,在国难深重的上世纪 30 年代,特别具有爱国的意义。祥生公司顺势又推出了自己的广告语:"华人应坐华人车,四万万同胞请打四万号电话"。贴合客户心理的广告创意,加上"日夜服务、随叫随到、安全舒适、服务周到"等特点,祥生公司的发展如虎添翼。

1951 年,市人民政府批准华商祥生汽车股份有限公司公私合营(1954 年改名为上海市出租汽车公司),1956 年 16 家私营汽车行公私合营并入上海市出租汽车公司。

五十年代初的计价方式以行驶里程数计费,小客车以 5 公里为起点,每车 1 公里人民币 3 角,不满 5 公里以 5 公里计算,起步费 1 元 5 角。

"文化大革命"期间,乘坐出租汽车被为资产阶级腐朽生活方式而遭到批判,出租汽车行业急剧萎缩,70 年代初几近消亡。1972 年,随着我国在联合国恢复合法席位,上海各类外事活动增多,出租汽车不可或缺。由此,上海将一批国产上海牌和进口汽车投入运营。1975 年,涉外服务的小客车收费标准是 5 公里起算,基价2.5 元,以后每公里 0.50 元。

八十年代以后,出租汽车需求量日益增长,随着车种多样化,原来的收费标准不切合新的变化和需求。1985 年 6 月,上海市物价局按不同的车型规定了每公里 0.5 元到 0.8 元的不同计价标准,1986 年、1988 年又两次作出调整。

以 1988 年的规定为例:凡排气量在 2000CC(含)以上的小客车,每公里 1.20 元;2000CC 以下的,每公里单价 1.00 元;凡是不具备空调、音响设备的小客车,每公里单价 0.80 元;夏利车每公里单价为 0.60 元。后来几年又历经多次调价,直到 1995 年,桑塔纳的运价为 1.80 元,夏利车调整为 1.40 元。

九十年代初的出租车车型品类繁多,选择不算少。比如起步费 10.8 元的有夏利(上海人昵称为小夏利)、波罗乃兹、莫斯科人、拉达(以上三款为东欧及前苏联生产汽车);起步费 14.4 元有日产公爵、皇冠、三菱格兰特、雪铁龙等,此外还有比较少见的起步费 8.1 元奥拓、老上海,起步费为 13.5 元的捷达、富康和起步费为 18 元的奥迪 100、福特天霸等,品类繁多。

其中,起步费和单价相对较低的"小夏利"始终是许多会过日子的上海人的最爱。看着好几辆桑塔纳空驶而过,独独等候物美价廉小夏利的人也不在少数。笔者印象中,有一次自己在学校因为意外受伤,捂着"杠头开花"后简单包扎的脑袋,在马路边还眼看普桑空驶而去,巴巴地想等到一辆夏利。

再来说两样我们今日习以为常的事物。先来说计价器,在九十年代以前并没有专门的计价器,而是根据仪表盘上的里程计价。司机在发票上先后记下出发和到达时的里程数,两者相减即等于本次服务的公里数。当时的乘客主要是外宾和经常跑来跑去的生意人,要么对车费本就心中有数,要么对价格根本不敏感。加之用车大多通过调度预约,调度中心对里程数也基本有个概念;更何况那时候的出租车属于涉外行业,司机上岗前必须经过政审,职业素质相对较高。多重因素叠加,决定了付费环节不会出现太多争议。

但到了 1987 年以后,伴随着行业扩容,运营主体鱼龙混杂;同时,乘客的范围也扩大了,很多普通市民不常坐出租车,也看不来仪表盘,更有外地乘客对上海的道路情况、目的地远近毫无概念,于是出现了乱收费、服务差、拒载等现象。

为此,1988 年,时任上海市长的朱镕基同志提出加强行业整顿的要求。关于计价器,他特别提到,如果国内制造难以满足行业要求,要立即做好从国外引进的工作,外汇额度由有关部门解决。

1989年1月起,本市出租汽车全部安装使用计量部门检验合格的计价器。此外,还全部安装标有企业名称的顶灯、空车待租标志;车内放置了贴有司机照片、工号和投诉电话的服务卡;全部明码标价。到本世纪初,大众、强生、海博、农工商四大公司以统一的车身颜色、干净的白色椅套和规范的服务,成为上海的一张名片。

再说路边扬招。扬招在民国时期是一些无条件购置停车库房、电话等设施的出租汽车公司的经营方式,曾被认为不利于管理而禁止。上世纪五十年代,此类业务虽然并未禁止,但强调必须在确保三优先客人(旅客、病人、外宾)的基础上进行。到七十年代,因为服务对象主要是外宾,扬招业务严格来说不复存在。改革开放以后,电话叫车、上站(出租车服务站点)租车、预约定车还是主要的服务方式。

直到1984年,才真正出现了"招手上车,就近下车"的服务方式,后在全市迅速推广。到1995年,扬招业务占总量的95%,成为乘坐出租车最主要的方式。

随着上海经济的发展和市民生活水平的提升,曾经多少有点奢华摆派头意味的"拉差头"(沪语"乘坐出租汽车"),已经成为大多数人可以承受的代步选择之一。它的未来又会走向何方,我们拭目以待。

本文发表于2015年1月6日

上海人心目中的英雄菜：
红烧肉

刀　哥

　　【海派美食记忆】上海话里有一句，"乌搞百叶结"，意思是"瞎搞，捣乱"，源头恐怕也是出自红烧肉。因为通常红烧肉烧百叶结，最后肉的味道全部被百叶结吸走，各种食材混成一团，大家吃的尽是百叶结，而不是红烧肉了。

红烧肉,多年前不知从哪里听到一耳朵,称其为"英雄菜",很以为然。比起那些需要依靠外力配合、辅材繁多、工艺复杂、费时费事费钱的鲍翅类,红烧肉基本可算是一夫当关的孤胆英雄。一碗白饭两块肉,一勺肉汁,足可获得与吃鲍汁扣饭、鱼翅捞饭有过之而无不及的幸福感。若干年后,王石再次丰富了它的"英雄"内涵,一碗卖相不佳的"笨笨红烧肉",还真能抱得美人归。

在红烧肉源远流长的历史上,有不少真真假假的名人轶事。相传八百多年前的王安石,年轻时进京赶考,先是路遇大户人家出上联征下联,以此招婿。王安石稍加思索,便吟出佳句力拔头筹。进京考完回来洞房花烛,又传来金榜题名的喜讯,兴奋的王安石亲自下厨展示了他烧红烧肉的才艺。

"黄州好猪肉,价钱如粪土,富者不肯吃,贫者不解煮。慢火,少水,火候足时它自美。每日早来打一碗,饱得自家君莫管。"跟王安石同一时期的苏轼,下放黄州时发明了好多菜,"东坡豆苗""东坡鱼""东坡豆腐"、"东坡玉糁羹"……,其中"东坡肉"名头最响,传播最广,被看做红烧肉的祖师爷。

文人多吃货,吃货却不能个个像苏老前辈那样能写又能吃。雅舍主人梁实秋最喜红烧肉,但每每做时分心,总是烧糊,无奈之下买了当时的时髦电器,电饭锅,虽不及小火慢炖来的香,总不至于焦糊。太仓有位厨师也是个马大哈,一次烧糊了一大锅红烧肉,太仓肉松应运而生。

红烧肉各地都有,烧法略不同。有代表性的有江浙红烧肉、湖南红烧肉、四川红烧肉,其实台湾卤肉饭的肉臊、西安肉夹馍的腊汁肉,也能算红烧肉的变体。不过,作为一个在异地生活多年的上海人,个人认为,好吃到令人难忘的,当属本帮红烧肉。

本帮红烧肉脱胎江浙,自成一格,有大厨比拟"苏帮红烧肉,就像苏州的女人,娇滴滴、糯哒哒、甜蜜蜜。而本帮红烧肉则有着上海女人的经济实惠和大气。"

一碗称职的红烧肉,须有称职的五花肉(也即肋条肉,肥瘦五层间最佳,半扇猪也就最多能取二斤)。切合适的块焯水回冷,冰糖起糖色,姜片、花雕、老抽(绝不用红烧肉酱油),武、文火适度,两小时即可。

相比苏式红烧肉,本帮红烧肉多了"炒糖色"的工序,于是在口感上显然要"硬"

的多。无论是胶感十足的肉皮、膏状化不开的肥肉,以及肉质紧而硬于是有点柴的瘦肉,的确不符合很多人的红烧肉标准且容易遭受诟病,再加上甜度超群,如果不是口味够重够耐甜,真的很难完全爱上它。那么,类比上海女人的"经济实惠"又作何解?

这从本帮红烧肉里的"和头"(上海话,音同"户头")中可见一斑。

上世纪五十年代后期,一大批上海青年雄赳赳气昂昂奔赴西北,支援国家国防建设,我父母便是其中二员。母亲祖籍宁波长于上海,善吃会做,无奈当时在西安物资短缺,巧妇难为无米之炊,我们几个小孩也只能流着口水听妈妈讲她小时候的红烧肉记忆:"那时家里烧肉,一次一大钵斗,先纯肉的烧出吃一顿,接下来几次,这顿加霉干菜,下一顿加笋干,再下一顿加鲜笋……"这里加的梅干菜、笋干、鲜笋,就是所谓的"和头"。

"和头"就是和肉烧在一起的食料,其实本帮红烧肉中,最常见的"和头"是百叶结——上海话里有一句,"乌搞百叶结",意思是"瞎搞,捣乱",源头恐怕也是出自红烧肉。因为通常红烧肉烧百叶结,最后肉的味道全部被百叶结吸走,各种食材混成一团,大家吃的尽是百叶结,而不是红烧肉了。

搭配红烧肉还有一种"和头",就是鸭蛋。若是考究,还得是"虎皮蛋",即鸭蛋经油炸后,表面起黄褐色皱纹,状似虎皮。"虎皮蛋"外酥香软,肉里细嫩,吸卤多汁,汤汁醇厚,香气四溢。

从"和头"中,就能看出典型的上海主妇式聪明。合适的"和头",成本不高,却可以丰富红烧肉这道菜的口感层次,又不至于让肉味"嘎忒"(上海话,"变味、串味"的意思)。

上世纪七十年代中期,全国物资紧缺,西安较之上海更甚,卖肉凭票且不定期供应。有一次,二年级的哥哥去排队买肉,肉铺现场绝对堪比现在的 IPHONE6 首发,一开门便开始哄抢,个子小小的他被生生挤了出来,于是拿着本该装肉的盆子在路面哭。好心的邻居(也是一位上海伯伯)看见,把自己买到的肉让给了哥哥。

这种情形下得来的肉,是万万不能任性地烧一顿红烧肉大朵快颐的,除非家里来了贵客、或逢年过节,桌上方可一见。一般情况下,好不容易买到的肉,炒菜时割两片提提菜味就很解馋了。

记得那时，我家和另外两家邻居共用一间厨房，恰好三家都是上海移民，"馋老呸"（馋虫）恶习相投。一次不知通过什么渠道，从肉联厂（这三字至今我也没搞懂全称应该叫啥）搞来一只猪头，三家分而食之，厨房里一时肉香满溢，满满的幸福感。

那么，西安当地人又怎么看我们这群馋虫呢？那时当地人以面食为主，品种单一，追求不高，一碗油泼辣子面就幸福满满，他们看着身边这些想方设法解决口腹之快的上海"阿拉"，开始觉得十分异类。

到了八十年代中后期，物资供应渐渐丰富，当地人也开始喜欢上海菜，当然不可能全盘接受。其中，"白斩鸡"接受度最差，鱼虾蟹也有一部分人无福消受，接受度最大的就是"红烧肉"。有一次当地一朋友邀我去家里喝酒，只有一道菜，就是他奶奶烧的笋干红烧肉。彼时恰是冬天，小炉子煨着慢慢吃，两人一瓶酒一锅肉，酒干肉尽，第二天听到他奶奶投诉："昨儿才买五斤肉就让你们一顿吃光了！"

近些年，各地交流频繁，饮食习惯的差异也越来越小。原先不吃麻辣的上海，现在川菜、湘菜、黔菜随处可见，同样地，上海本帮菜也成了西安吃货美食地图里重要的一块，红烧肉还是最受欢迎的一款菜式。哪怕竭力保持身材的妙龄女子，也要挣扎着吃上几块。有次我烧了墨鱼干红烧肉请朋友吃，散席后上微博，看到在座的一位女文青感叹："红烧肉也能把人吃哭！"

每每回想这些往事，我就会对上海人这种生活态度敬意油生。他们不畏困难、敬业工作，同时又善于计划、热爱生活。尤其是那些把大半身奉献给大西北的上海移民，不仅在工作态度上感染了周围人，更在生活方式上潜移默化了周围人。

向英雄致敬！

（图片来源：东方 IC）

本文发表于 2015 年 1 月 9 日

1955，开往洛阳的夜车 ｜ 王　海

【《解放日报》独家老照片】这些当年抛弃上海相对安逸生活跑去千里之外和自己原本毫不相干的一
个城市，最后很多终老在那里的，究竟是算洛籍沪人，还是沪籍洛人？在1955年11月30日晚那列开往
洛阳的夜车上，他们对即将到来的命运有过清醒的洞悉还是随遇而安的莞尔？

1955 年 11 月 30 日。一定是在北站。夜色沉沉。即将北去的列车靠驻站台，远行者、送行人表情欢欣，齿间盈盈笑意。

本次列车终点站：洛阳。一千公里之外，昔日十三朝古都。在解放日报摄影记者留下的文字说明中写道：“为支援新兴工矿城市的人民需要，本市十八家服装、照相、洗染、理发和酒菜行业部分职工和资方共一百二十二人于昨晚离沪迁往洛阳。”

在 1949 年新中国建立之后，以上的场景已经在上海北站上演过无数次。据史料统计，仅 1949 年底至 1952 年，上海为了支援东北和西北建设，输送了大量工程师和技术工人，先后共达 9.9 万人。

1953 年，第一个五年计划开始。上海在机电、电业、建筑工程安装等行业中动员技术工人、技术人员参加国家重点建设。一列车一列车的高技术本地人才，挈妇将雏离开大上海。从 1953～1956 年，上海支援外地重点建设的工人、技术人员、管理干部达 21 万多人，其中有 2.38 万名工程技术人员，8.21 万名 4 级以上熟练技工，分赴乌鲁木齐、长春、洛阳等地，参加建设新疆八一钢铁厂、长春第一汽车厂和洛阳拖拉机厂。

本文照片上出行的上海人，正是为“配套”洛阳拖拉机厂的建设而去。几十个小时的颠簸之后，火车抵达洛阳火车站。一名在 1956 年 8 月随上海大新酒楼、上海理发店整体迁往洛阳工作，几十年之后退休依然留在洛阳生活的上海人，多年之后回忆：“原以为洛阳是历朝古都、新型工业城市，应该不错，可到了一看，马路不平，电灯不明，电话不灵，许多人当场就哭了起来。”

在第一个五年计划的规划中，洛阳跻身全国重点建设城市，当时全国 156 个重点项目中，有 7 个落户洛阳。这些项目的建设场地，多数选在地旷人稀的涧西区。1954 年，第一拖拉机厂、洛阳轴承厂、洛阳矿山厂等十几家大型工厂，相继在涧西区开工兴建。十万建设大军麇集洛阳，立志在一穷二白的土地上“描述出最新最美的社会主义蓝图”。当时的涧西区除了一条洛潼公路横穿、几个村庄点缀外，几乎全是农田。当时的洛阳城市人口仅仅 6 万，商业网点集中在 10 公里之外的老城。远水难救近渴。

于是，他们想起了上海、上海人。虽然 1949 年之后，上海的城市功能已经从消费型城市转为工业型城市，但昔日十里洋场的名声以及上海制造的名声在外，显然在全国各地人民心中烙下不可磨灭的印记：上海的商品，想必是极好的。这一次，不仅仅是引进商品了,一步到位,整建制地导入服务品牌、设备硬件,以及最宝贵的人。

1955 年,洛阳方面派人前往上海、广州等商贸业发达城市,动员这些城市的国有商业企业和私营商户内迁洛阳,支援洛阳的工业建设。在此后的两年间,上海、广州等地累计有商户 3500 人和 17 家工厂、88 个商店的 2717 名职工响应号召支援,其中内迁来洛的工厂、商店主要有三乐食品厂、大新酒楼、大利食堂、广州食堂(后改称广州酒家)、永余照相馆、万氏照相馆(后改称人民照相馆)、新源祥棉布店、三友理发店、上海理发店、红光照相馆、旭东洗染店、上海旅社等。

洛阳方面将大新酒楼、新源祥棉布店等部分上海内迁企业、商店安排到 704 工地市场所在的大型市场里,故将该市场称为“上海市场”;将广州酒家等部分广州内迁来洛的商业企业安排在如今景华路与太原路交叉口附近的大型市场里,故将该市场称为“广州市场”。

照片上这些从事服务行业的上海人命运如何?资料显示,上海市场建成后,初名“青年营业部”,后改称上海市场百货商店,当时的商业用房主要是平房。1980 年,国家决定拆除平房,对上海市场进行改建。1984 年 1 月 1 日,新大楼建成开业。1986 年,上海市场百货商店更名为上海市场百货大楼,4 层建筑面积 9024 平方米,营业面积 6300 多平方米,建筑规模仅次于当时的郑州紫荆山百货大楼,居河南省第二位。1987 年,上百大楼 7 层辅楼建成,使商场总建筑面积达到 1.51 万平方米、营业面积 1.16 万平方米。1993 年,上百大楼销售额突破 1 亿元,达到了顶峰。之后,因商贸业竞争的加剧和硬件设施的落后,上百大楼营业额逐年下降。2002 年,上百大楼终因资不抵债而破产,2005 年破产重组,但至今难以恢复元气。

此时,距离第一列离开北站前往洛阳的火车徐徐启动,已经过去整整 50 年,第一代“洛籍沪人”已悉数退休。

到 1957 年年底,洛阳的城市人口已由 1949 年底时的 6 万余人猛增至 52.9 万人,成为当时仅次于上海、广州、北京、武汉的大城市。而至 1955 年底,上海市区人口比 1954 年减少 43 万余人。在 1955~1957 年第一个五年计划剩余时间内,计划从上海迁往内地的有 19 个工业行业、102 个项目、工业产值 5.54 亿元。

大时代的洪流裹挟人们顺流而下。1958~1966 年,第二、第三个五年计划期间，上海有 23.86 万工程技术人员和熟练工人支援全国各地建设，主要去陕西、甘肃、青海等西北地区和江西、福建、安徽等华东地区和四川、贵州、云南、湖北等地。第二个五年计划期间，先后有 4 万多名设计、施工技术人员，支援首都十大建筑和淮南煤矿建设。在之后的"大三线计划"中，仅仅 1963～1977 年，仅仅上海机电工业系统就有近百家企业，抽调了 40349 名职工和近万台设备，随迁家属 26000 多人，分赴新疆、甘肃、陕西、四川、贵州、湖南和江西等地，支援大三线经济建设。

著名导演王小帅就是一名"迁二代"。他曾经在接受采访时说道："我们家在六十年代随着我妈妈的工厂离开上海来到贵州。无数个家庭就向无数个浮萍一样无根无基地在异乡漂流。后来我们大了，这种情况也没有得到改善，而根却越来越深的扎在了那里。"在父母离开上海 40 多年之后，王小帅拍了部电影《青红》，反映的就是第一代内迁父母与第二代已扎根异域的子女的危机与冲突。

1998 年夏季，我去荆州采访长江流域洪水事件。我惊讶地发现当地一名载我的摩的司机居然能毫无障碍地听懂上海话。细问方知，荆州有不少 1960 年代迁来的上海工厂，在当地形成一个颇具规模的"小上海"，里边的人顽强地保留了上海的生活习惯包括上海方言。"小上海"成为荆州人某种生活品质的标杆。这个摩的司机小时候的不少同学就是生在荆州的"迁二代"，在他们的影响下，他从未来过上海，却能听懂大部分沪语。

1949 年至今，关于上海对于全国的贡献，属于常规口水话题。在"出钱"的问题上，数字能说明一切——据《上海财政税务志》，从 1949—1990 年，上海地方财政收入总计 3911.79 亿元，其中上缴中央支出 3283.66 亿元，占 83.94％。从 1959 年到 1978 年，上海地方财政收入平均占全国的 15.41％，最高时达 17.49％（1960年），而上海地方财政支出仅占全国的 1.65％。

而"出人"的问题的考量，比纯粹的数字更为复杂。从家乡被凭空抽离的人们，投入新的贫瘠之地，他们的命运，怕是很难用一个模型得出某种数字化的结论的。

（图片来源：《解放日报》老照片）

本文发表于 2015 年 1 月 31 日

131

豆浆的乡愁及甜咸之争 | 秦 凌

【海派美食记忆】同样最早由老兵提供做法配方的"鼎泰丰"走上了高大上的道路,台湾的豆浆却始终还是很亲民的感觉,即使后来在格调上比路边拍档提高了不少,但终究还是一种草根的恩物。话说在当年,这种"创业"也多少有点艰难谋生的苦涩,可经历时间的淘洗,留下的却是伴随着美丽乡愁和美好记忆的美味。

最近,上海一家台商开的豆浆店火了,即使晚上10点半,门前照样有长长的队伍,等着花几十块钱喝豆浆吃大饼。好容易吃上了,还是件值得在朋友圈炫耀的事。

豆浆的起源按照民间传说和淮南王刘安有关,谁让传说中豆腐的发明人就是他呢? 其实,豆腐和豆制品的发明或许不能落实到个人,但时间轴落在汉初,基本没错——《盐铁论》中已经有了类似今天豆浆、豆花的时尚食品"豆饧",1961年在河南密县打虎亭出土的汉代画像石有《豆腐作坊图》。豆浆作为伴生产物同时出现,其概率是很大的。

豆浆和油条、大饼、粢饭是上海早餐的所谓"四大金刚",彼此互为好基友的历史很长了,大约三十年前,他们还义结金兰、焦不离孟地在上海滩的早餐市场一统天下,可后来在面包、汉堡、三明治、牛奶、咖啡、早茶的冲击下,或者说,随着上海人早餐多元化的发展,它们有很长一段时间处于苟延残喘的状态。

当豆浆再次杀来时,也和台商有关,这次是永和豆浆。

永和豆浆甫登陆上海,也出现过排长队的景象,中式快餐的标准化和相对传统的味道,确实征服了当初一批上海阿姨爷叔和小朋友的味蕾;当然,排队这件事,在上海这个热点切换频繁的国际大都市长久不了,但其生意始终还不错,其连锁店本身的大发展就是最好的证明。再以后，字号与永和有关联的快餐连锁企业也出现了多家，撇开品牌层面的一地鸡毛，其实大家发展得也都还不错。

严格来说，正宗的永和豆浆指源自台湾台北县永和市（今新北市永和区）中正桥一带以贩卖豆浆为主的早餐店，该商号最早是由两个播迁至台湾的河北老兵于1955年创立。从这个角度看，其起源与此次热门的豆浆的"发明"主体是差不多的。同样最早由老兵提供做法配方的"鼎泰丰"走上了高大上的道路，台湾的豆浆却始终还是很亲民的感觉，即使后来在格调上比路边拍档提高了不少，但终究还是一种草根的恩物。话说在当年，这种"创业"也多少有点艰难谋生的苦涩，可经历时间的淘洗，留下的却是伴随着美丽乡愁和美好记忆的美味。

那个时代，中国百姓的迁移或许并非真正意义上的自由迁徙，其中有颠沛、有无奈、有辛酸，但生生不息、追求生活况味的他们，却用自己的心血和执念慢慢打造出一个交流、交融、交汇的舌尖上的中国，她又是那么的美好和亲切。

就像在上海，永和等品牌带来了宝岛风味的豆浆——而这个宝岛风味的豆浆的根子却又是北中国，而或传统或现代的豆浆在悄然复兴的传统早餐铺子、各种24小时便利店也勃兴起来，照样显示出金刚的霸气，至于霍山路大饼油条店把四大金刚延伸到夜宵的做法，更或许只有在上海这个神奇的市场才能如鱼得水，造成不是火爆而是"疯狂"的市场奇迹。

于是，幸运的上海人可以在不同的店铺、不同的时点，选择不同口味的豆浆，或咸或甜，或热或冰。

说起咸豆浆，也算是一个很独特的品种，上海人习焉不察，觉得好吃，但觉得不过是平常的食物，并没有多神奇。但其实，在很多地方是根本没有这个品类的——根据一位朋友的说法，一顿惊世骇俗的上海早餐应当包含一碗咸豆浆，没错，不是咸豆花，而是咸豆浆。一般来说，上海风味的咸豆浆应当有包括老油条、虾皮、葱花、紫菜和一点点猪油，口感必须咸鲜，上桌的温度不能太烫。根据我的观察，大多数北方朋友以前根本没有吃过这个风味的豆浆，上桌之后一般以为是咸豆花，至于效果么，被洗脑成功的就会着了魔一样的喝，接受无能的一定会嗷的一声昏过去，你还是帮他点杯淡豆浆或者甜豆浆吧。

　　话说还有个段子,某位上海女孩子在办公室谈起咸豆浆,结果瞬间被同事的口水淹没:"什么咸豆浆? 咸豆花吧?""我从来没吃过!"、"哪会有咸豆浆?"、"开什么国际玩笑"。

　　这个段子不过是个小小的办公室插曲,不妨一笑置之,但不免想到:当我们听到一个城市有我们从来没有吃过、看过、听过甚至想到过的一种食品,除非有真正意义上的个体或者族群的禁忌,最应该持的态度不该是"真的吗,我真想去试试"吗?

　　也许,上海人都觉得,给观念和尝试设限,都老戆的——这就是我们这个城市海纳百川的基因。

　　宽口的大碗里,一勺酱油一勺醋,一撮榨菜一撮葱,一小点紫菜,一堆小焦脆的油条,讲究点的再放上些紫菜和虾皮,然后将煮得滚烫的豆浆,舀上一大勺倒进去,瞬间起花,香浓味美。

　　美好的生活不过就是如此,美好的城市不过就是如此。

本文发表于 2015 年 2 月 6 日

父亲张乐平的杯酒人生

张慰军　制图:孙欣悦

　　日前,由张乐平创作的经典漫画形象"三毛",获得了第四十二届法国昂古莱姆国际漫画节"文化遗产奖"。张慰军先生作为张乐平的儿子刚刚从法国领奖归来,撰写了一篇充满浓浓亲情的怀念父亲的文章。现独家授权《上海观察》及《解放日报·朝花》发表。

父亲的朋友都说:乐平离不开两样东西:笔、酒。

笔,是画家工具;而酒,则是他的嗜好。

观父亲这一生,似乎没有和酒分开过,哪怕是最艰苦的年月。甚至在父亲的告别仪式上,他的忘年交好友、多年的搭档丁锡满叔叔含泪还在灵前酒上了一杯酒。

父亲喝酒的姿势我不会忘记,尤其他晚年,那颤抖着的手缓缓地将酒杯送到口边的样子,回想起来使我心疼,又倍感亲切。记忆中他饮酒时和母亲的斗嘴和争吵,现在也觉得是那样温暖又那样有幽默感。

很多朋友回忆父亲也都说到了酒。

老友华君武笔下爱酒的张乐平(作者提供)

黄永玉叔叔写的是他在抗战时期跟着父亲躲警报,然后去小酒摊子父亲喝酒他抢吃下酒菜的事;

叶冈叔叔回忆战后回到上海;父亲从嘉兴来上海交稿,拉他去本地饭摊吃"烧汤卷"喝老酒；

杜建国、周松生两位老师提到在"文革"中父亲被批斗的间隙，他们偷偷带他去浦东的小酒馆吃发芽豆下黄酒；

谢春彦老师也描述了父亲酒后脸上那微微的一点酡红，会讲很多笑话，跟他平常不太苟言笑判若两人，酒，使他放松；

戴敦邦叔叔讲的是"文革"中后期父亲要请客，与邀来作陪的他去买酒时，先在酒店把自家灌满意了，再带回敬客的酒；

丁锡满叔叔则说的是他俩把家人拒之门外，坐在父亲画案旁，静静地边喝着酒边创作诗配画的故事；

还有很多，不列举。

老友田原笔下爱酒的张乐平(作者提供)

从小看父亲喝酒，据他自己说，他常会偷偷用筷子蘸上一滴放在蹒跚学步的我嘴里，看着我皱眉头，看着我咂嘴品味，然后哈哈大笑。

当然,如果母亲看到肯定不高兴。

他俩共同生活五十多年,像拉锯一样,总是为父亲喝酒、不喝酒,喝多、喝少而斗嘴争吵,除非特别时期。

母亲说父亲身体一直不太好,劝说他是希望他少喝,因为真的叫他不喝酒也是不可能的。这样,却踩了父亲的痛脚,态度也就借着酒劲蛮横起来,然后就是从拌嘴到了争吵。父亲去世后有一天我问母亲:这样老是吵架累不累?母亲对我动了动嘴角象征性地笑了笑没有回答,眼光转向了窗外。

父亲总是有酒喝的,以前是白酒黄酒白兰地威士忌都喝,总体爱喝的是中国酒,画家唐云伯伯送他 XO,他说像药水,唐伯伯笑他是乡下人;在日本喝清酒,他说像井水,吓得日本漫画家森哲郎尊称他是酒仙,到了晚年独喝黄酒,喝最多的是我们家乡海盐的原鬶加饭酒,阳台上总有三两个空酒鬶等着便车运回老家换几鬶满的回来。我妻子开玩笑说嫁到我家几年,估计流进父亲的肚子的酒有小半个游泳池了。

上世纪五十年代末六十年代初,逢国家"三年困难时期",什么都是配给供应。而父亲,因为市里一位领导说"我们要对知识分子好点,要保证他们的供应,譬如张乐平,不让他喝酒他怎么画得了三毛",因而能得到每月有几斤粗糙白酒的优惠。这点酒,他要省着喝,计算着喝,有时还要叫上朋友分着喝,但总算还是有酒喝。

"文化大革命",我们家被兜底翻,单位红卫兵把父亲的几个酒瓶列在桌上,对父亲吼叫:不准喝酒!又过数月,当时举例父亲喝酒的市里领导成了走资派被打倒,父亲又为此被批斗,然后单位的两个造反派战士夹着一张大字报到我家,在我们吃饭房间父亲坐的位置上方贴了:"牛鬼蛇神张乐平不许喝酒!!!"依照惯例,张乐平三字上打了红色的叉。

而父亲其实那时候也没断过酒。

母亲每天会让我和我三哥等,用一个果酱瓶去酒店沽酒,可以装三两。酒当然是最便宜的土烧,好像八分钱一两,难得钱有点宽裕,就买一角一分一两的乙级大曲。我们去沽酒,还要避开附近的卖酒小店,也不会去"刘三和"那样的大的店,因为他们都认识父亲,也许也认识以前常跟着他去沽酒的我们。我们专挑偏僻的地

老友江帆笔下爱酒的张乐平(作者提供)

方,还要轮流不能常去同一家——现在想想那时候连买酒都像在做地下工作似的,好笑。

家中吃饭的桌子是有抽屉的"八仙桌",在父亲面前的抽屉里我们放一个小小的杯子,等着天没亮就出去、天黑很久才回来的父亲,为他倒上一杯。父亲那时候除了在"牛棚"写检查,还负责报社的几个厕所的打扫,叫监督劳动。疲惫地回家喝一口酒本应是一天最舒坦的时候,但却喝酒也不得不提高警惕,听到楼梯响就马上合上抽屉,以防哪个不怀好意的或造反派发觉告发。

那时"美协"也经常开批斗会,拉出以丰子恺为首的主席、副主席,戴上纸高帽,挂着大红叉的名牌押成"喷气式"被瞎批乱骂一通,次数多了也就麻木的不以为然。出来父亲问丰老:"身体好伐?""好!""老酒还吃伐?""吃! 侬呢?""好! 吃!"莞尔一笑后结伴散步在回家的路上。

　　那段时间,母亲和父亲没有过一点斗嘴和争吵。

　　父亲后来回忆那段时间,说在大字报下喝酒,记录下来真是一幅很好的漫画!

　　"文革"后期,父亲是比较早出来工作的,画着那些被他后来自评说"毫无意义"的画,可喝酒倒是不用再躲躲藏藏了。

　　到了"文革"结束后,才常和朋友畅怀开心地喝。

老友徐昌酩笔下爱酒的张乐平(作者提供)

　　父亲喝酒不很讲究菜的多少,但很重质。他有时候一个荷包蛋就可以了,而这个荷包蛋必须做得很讲究:要两面煎,蛋黄要软却不能流黄不能老,说流黄会腥、老了口感太干,要加酱油和少量水煮汤,还一定要撒上葱花,然后鸡蛋下酒汤拌饭。

　　他自己很会做菜,他炒的津白冬笋炒腰花脆嫩脆嫩,是我至今吃到最好吃的,没有之一。那是一个大厨教他的,可我在所有饭店吃都没父亲做的好。我自己也试过,总做不到,尤其是入味又脆嫩。

　　他好几个朋友们总念念不忘他做的炝鳝背,说够专业水平。

　　他拿手的还有猪小肠套入大肠,两头扎好煮熟了烟熏,切片蘸清酱油吃,满口肥香却不腻。他做下酒菜就像画画那样仔细,喝讲究细节。

还有很多可口的菜……

后来,他因为患"帕金森氏病"医生不让他喝酒,他却只是把白酒等改为单一喝黄酒了,还引经据典说黄酒的好处,这就一直喝到他住到医院里还在喝。

那时候我从外地回来去医院看他,他会和我说:明天带个热水瓶来吧!我便心领神会,第二天带上一热水瓶的黄酒,然后他马上叫护工藏到床底下。其实他喝酒早已是公开的秘密,医生眼开眼闭罢了。他昏迷时,医生呼唤的也是:张老好起来喝老酒了!

"文革"后父亲喝酒可以公开了,当然量也加大了。他和母亲的斗嘴争吵也就肯定恢复了。他自知理亏,有时会愤愤地对着母亲说:"律师的女儿!"母亲大度地笑笑后走开,结束了当天的争吵。

第二天又是重复。

有时候和几个朋友在一起喝,母亲要他少喝,他碍于面子不好发火,便举杯对着大家:"好了好了,戒酒了!来,为戒酒干杯!"

本文发表于 2015 年 2 月 14 日

福州路淘书往事 | 陆其国

【地标记忆】上海福州路素有"文化街"之称,但对我个人来说,更是一条"书香街"。今天我已藏书逾万册,但最初大量淘书、买书的发端,就是三、四十年前从福州路旧书店起始的。

1972年2月11日这天,我手持一纸"通知"来到汉口路上一家国营单位报到,与福州路只隔着一条弄堂。因为从小性喜看书,有了工作后每月工资大半交给父母,自己口袋里毕竟也有了些小钱,在上班的日子里,我几乎天天要趁午休或下班后逛福州路。当然,准确地说是逛福州路上的旧书店。

福州路东起外滩中山东一路,西至西藏中路。19世纪50年代初辟筑成界路(河南中路)以东一段,早期称劳勃三渥克路,后因附近有基督教伦敦会传教机构,故又称布道路、教会路。1864年筑完全程,1865年以福建省福州市命名,老上海称其为四马路(由南往北依次称南京路为大马路、九江路为二马路、汉口路为三马路)。

历史上的福州路文化街一般指河南中路以西,福建中路以东的福州路及其周围的山东中路麦家圈、河南中路的棋盘街、山西南路和昭通路一带。自1845年英国基督教传教士麦都思在今福州路南的山东中路口开设墨海书馆起,19世纪中期在棋盘街上先后开设有文瑞楼、著易堂、扫叶山房、善善堂、吴鞠潭、万卷楼书坊、广益书局及胡开文、曹素功、周虎臣墨庄,荣宝斋、大吉楼笺扇、西泠印社等。有这些内容作铺垫,20世纪初文化街初步形成,30年代闻名全市。

自1897年商务印书馆开创以来,申城书店的中心向北移至河南中路福州路。20世纪初,福州路上先后开设了中华书局、大东书局、世界书局、传薪书局、开明书局等。至抗战爆发前,福州路的新旧书店达300家之多。此时资本雄厚的出版业巨头如商务、中华、世界等几乎都集中在福州路,使之成为上海乃至全国的图书出版、印刷、发行中心。

走出我单位的大门,穿过弄堂就是福州路;弄堂右边是古籍书店,左边向西不远是外文书店,对面是上海旧书店。后来在毗邻山西南路的福州路东侧,又开出一家期刊门市部,经营各种旧期刊。淘此类旧书刊,当时只是出于喜欢,并没想到日后不仅升了值,还成了我做研究和写作的参考资料。

没有想到的是,第一次拿到工资后,我为自己花的第一笔钱,竟是配近视眼镜——原因还是和买书有关——那时新、旧书店都没有实行开架售书,新书旧书除了少量陈列在玻璃柜台内,大量的书都是一本本挤压着插在柜台后面的书架上,只露着一个书脊,视力不好的读者,根本看不清楚。有时看似是自己喜欢的书,请营业员拿来一看,结果根本看不上,只好陪着一脸尴尬和歉疚,把书还给营业员。像我这样脸皮薄的,再看到书架上有什么看似喜欢的书,除非吃准了一定要,一般不会轻易让营业员拿了。

奇葩的是,有一次,我在旧书店还真看到一位老人,在柜台前淡定地拿着一个小望远镜在"侦察"书架上的书名,那架式就像一位将军在认真视察前线。后来我曾在报纸上看到过这样一幅漫画,读者在书店用望远镜"侦察"书名,这题材还真源于生活。这么看来,我为自己配一副近视眼镜再正常不过了。

借助这副眼镜,真让我觅到一本本心仪的好书。后来,在广大读者希望书店"开架售书"的呼声下,各家新、旧书店终于开始开架售书。我和"小伙伴们"闻此喜讯,个个开心得额首相庆!

有一天我惊喜地发现,在旧书店收款处的玻璃柜台里,展示出一本本我十分喜欢的旧书,其中有《诗集传》(朱熹)、《中国文学批评史》(郭绍虞)、《中国诗史》(陆侃如冯沅君)、《青铜时代》(郭沫若)、《越缦堂日记》(李慈铭)等等。说实话,其中的很多书此前闻所未闻,但一看那书古色古香又极雅致的封面,和封面上那一手漂亮的书法题签,真让人爱不释手。

正当我兴冲冲上前想请营业员(他也是收款员)拿玻璃柜里的书时,突然在玻璃柜台里看到一块牌子,上写:陈列样书,概不出售。原来这些书仅是让人饱眼福的。我的心一下子凉了下来,只能望书兴叹。

然而一个奇怪的现象还是引起了我的注意,那就是"陈列样书,概不出售"的书经常在"换脸",有时甚至一天一换。在疑惑和不解下,我决定作一番侦察。

第二天书店一开门我即进去,然后找了个角落假装看书,眼睛却盯着"陈列样书,概不出售"的柜台。很快,有个读者走到柜台前,用手指了下其中一本书,然后就掏钱、付钱、拿书、走人,没有半分钟耽搁。

原来奥秘就在这里!"陈列样书,概不出售"的书不让普通读者翻阅,需要的读者不翻阅也知道这书价值,也决不会讨价还价。这些旧书好书,原来就是这样经常"换脸"的!

　　我决定也如法炮制一番。我走近那个柜台,瞄向一本《乐府诗选》,也不问价,直接说要这本书,然后掏钱。果然,营业员(收款员)抬头看我一眼,没二话,从柜台里拿出书,然后接钱、给书。拿到书,我无比兴奋,那不仅仅是淘到一本好书,而是发现一个大秘密后的惊喜。

　　第二天旧书店门一开,我目标明确直奔"陈列样书,概不出售"柜台,将上下两厚册《元曲选》及《修辞学发凡》收入囊中。好书当然还有,但我囊中差涩,只能徒留遗憾。大概正是在这个时候,书店营业员已经开始瞄准我这个看上去就没什么钱的小年轻。

　　终于有一天,当我又一次从那个柜台买到一本堪称当时"畅销书"的《李白与杜甫》时,被一个瘦高个营业员一把揪住。"我注意侬(你)好几天了,侬来就买迭(这)只柜台里的书。里厢(面)的好书都让侬买脱(去)了,侬是不是在倒卖书?"

　　那时我年轻,经不得事,一被冤枉,不慌也慌了。我连忙辩白,说自己实在是喜欢,才买这些书。书都在家里,不信到家里去查。营业员见我不怵,也就放过了。经历此事,想不到这位姓高的营业员倒和我熟悉起来,后来他还主动向我介绍一些好书,我收藏的"先秦"、"两汉"、"魏晋南北朝"文学史参考资料三部书,就是在他手中买到的。

　　在淘书过程中,还认识了一群书友。有一次我一进旧书店,发现一位读者买走了仅剩一部的、我梦寐以求的郑振铎著四卷本《插图本中国文学史》,令我既羡慕又懊丧。刚巧旁边一位老兄注意到我的神情,悄悄问可要这套书。我顿时眼睛一亮,连忙问:"你有吗?"老兄悄悄拉我来到旧书店外,拉开书包,里面果然躺着这部四卷本书。

　　通常这种情况下,对方开价一般总要比从旧书店贵,有时要翻番,我们叫作"翻跟斗"。书以稀为贵,有时为了喜爱的书,也只好"翻跟斗"。不料这位老兄说,这部书他不"翻跟斗",如要就搭一批书一起拿走。所谓搭书,就是捆绑其他你并不想要的书一起作价给你,一般搭些小说、故事类书也罢了,最恼人的是有人竟搭单位里发的"学习材料",这行为简直比"翻跟斗"还恶劣,与抢钱无异。对这样的"书友",我们后来送其绰号为"学习材料",对其敬而远之。

　　当然,书友圈中也不乏佳话,比如有些书友因为彼此性格相投,互相信任,渐渐开始串门交换书、欣赏书,有几位就在这样的过程中,认识了对方的姐妹,后来喜结良缘,由书友成为自家人。当然,更有代表性的佳话,是不少人因了淘书、买书,长年坚持读书,在后来改革开放的年代考上大学,毕业后或成为大学教师,或成为编辑、记者、作家……

　　今天,林林总总的旧书旧刊在我家书橱里发散着旧日书香,让我不时回忆起在福州路的淘书往事。

本文发表于 2015 年 2 月 26 日

重访鲁迅的上海美食地图 | 蒋　俭

　　说起鲁迅在上海的足迹,大家脑中第一印象肯定是山阴路大陆新村的鲁迅故居,或是四川北路的内山书店旧址。其实,作为普通人的鲁迅,也需要休闲社交,也会吃喝娱乐。走访一下他在上海去过的饭店,可能比发现他逛过的书店,更有趣一些。

新雅粤菜馆二楼

　　南京东路步行街上著名的老字号新雅粤菜馆,开设于 1932 年,它不仅历史悠久,当年还曾是上海滩文化名人们经常出没的地方,鲁迅也是其中一位。

　　新雅粤菜馆原名新雅大酒店,当年是四川北路上新雅茶室开的分店。那时候,新雅茶室已经成为文艺界聚会的好地方,所以,新雅大酒店一开张,因为交通更方便,环境也更好,文人们的聚会地就自然而然搬了过去。

　　当时的新雅大酒店二楼有东、西两厅,上午 7 点开始供应早茶,下午 4 点到 7 点供应下午茶。据"雨巷诗人"戴望舒的妻子穆丽娟回忆,当年在新雅东厅,男士围着一张大圆桌高谈阔论,厅内穿梭地来往着作家、戏剧家、散文家和诗人,他们有的来,有的留,有的走,相伴而来的女士则静静地听,偶或悄语交换一下看法,大家在这里"优游自在地度过一段有趣的光阴"。他们的名单也是光芒四射:郁达夫、戴望舒、赵景深、施蛰存、穆时英、叶灵凤、曹聚仁、欧阳予倩、邵洵美……

鲁迅在新雅吃饭,都是人家请客的。第一次是在 1933 年 2 月 24 日,这天晚上,民权保障同盟会总干事杨杏佛和北平分会执行委员李济之,在新雅请鲁迅吃饭,席间还有中央研究院国际出版品交换处工作的林语堂作陪,谈的大多是公事。

这一年的 12 月 8 日,由申报馆主办的《申报月刊》的两位编辑,为了答谢鲁迅提供了好几篇稿件,也在新雅大酒店请鲁迅吃饭。拉好稿的传统,看来一百年不会变。

走进今日的新雅粤菜馆,第一感觉就是金碧辉煌,到处亮闪闪的大理石。二楼是羊城食府餐厅,依然可以吃早茶午茶,从早上 7:30 不间断供应到晚上10:00。

今日新雅粤菜馆外景(作者拍摄)

既然来了,当然也要体验一下。中午时分,人也不多,服务员倒是不少,动作也

繁体字的菜单(作者拍摄)

很麻利。桌上有单子，自己在上面勾画要点的菜色，点菜方式类似避风塘。点菜单上还是繁体字，菜色称呼也是古韵十足，比如："金鼎芹香笋丝鲜虾饺"、"金蒜酱皇豉椒蒸凤爪"、"七彩姜葱腐乳蒸牛柏叶"，等等。我点了广东午茶最常见的鲜虾饺、豉椒蒸凤爪以及龟苓膏。

吃完之后，感觉最好吃的是鲜虾饺，鲜甜弹牙，豉椒蒸凤爪比在香港吃到的要偏油腻些，龟苓膏还不够苦，也许和本地化口味有关。无论如何，80年之后，这里依然在还营业，光这一点，也让简单的午餐物有所值了。

典型粤式茶点(作者拍摄)

和平饭店

1933 年 9 月的某天,当时已是上海滩文化名人的鲁迅,在和平饭店遭遇了一次被电梯司机"鄙视"的经历。当然,和平饭店那时还叫华懋饭店,这幢大楼,也还被称为沙逊大楼。

鲁迅那天正好去华懋饭店拜访一位英国朋友马莱爵士,马莱是来上海秘密参加国际反帝反战代表大会远东会议的,住在华懋饭店 7 楼。

那天,鲁迅穿着灰色斜纹布长衫,脚蹬皮鞋,留着黑胡须,走进了电梯,但奇怪的是,开电梯的司机丝毫没有启动的意思。鲁迅问司机为何不开动,司机却把鲁迅赶出了电梯,说这不是给他乘坐的地方。

鲁迅没跟他计较,从电梯里出来,沿着楼梯一直走到了 7 楼。他和马莱在房间里会谈了 2 个小时后,马莱很客气地把鲁迅送到电梯处,可巧,开电梯的司机还是刚才那个人。马莱和鲁迅诚恳地握手告别,电梯司机看了大为惊讶,没想到这个其貌不扬的长衫男居然被外国人如此尊重。电梯一口气开到楼

今日和平饭店(作者拍摄)

下,司机大概觉得很是尴尬,电梯门一开,他居然比鲁迅先跑出了电梯,脸都涨红了。

回来后,鲁迅把这事情告诉了许广平和内山完造,也算是上海滩只认衣冠不认人的一桩趣事。

今天的和平饭店,服务生可比当年亲切多了。走进饭店大堂的时候,发现颇有

七八位像我一般游客模样的人,到处张望拍照,制服笔挺的服务生们只是微笑以对。

大堂正中,一树鲜艳的桃花,把老建筑瞬间点亮,春的气息满满。四周墙上,镶嵌的也是讲述上海历史的壁画,一下子把人带到百年前。楼道里,还有和平饭店接待过的历史名人照片展示,吸引不少人驻足观看,当然,也有鲁迅的照片。

和平饭店大堂(作者拍摄)　　　　　　大堂内鲁迅的照片(作者拍摄)

旁边,是一台电梯,在灯光下泛着怀旧的铜黄色。电梯旁边,就是通往饭店楼上的楼梯。不知鲁迅当年,是否有从这里经过呢?

重庆南路 50 号

1930 年 9 月 17 日,左翼作家联盟的朋友们给鲁迅悄悄举行了 50 寿辰的庆祝宴会,地方是由朱德传记的作者、美国女记者史沫特莱订的,在吕班路(今天重庆南路)的 50 号一家带着花园的荷兰菜馆。据说当时这里是高档西餐厅,一般老百姓很少去吃。

参加的人一共 30 多位,除了左联等的朋友们如冯雪峰、柔石、阳翰笙等之外,还有叶圣陶、傅东华、茅盾、史沫特莱等人。

下午先是庆祝会。穿着乳白长衫的鲁迅,精神很好,和夫人许广平带着海婴很早就到了餐厅,频频向来祝贺的来客表示谢意。傍晚时,部分客人辞别,留下约 20 多人聚餐。晚餐后,大家又发表了演讲。

阳翰笙代表左联向鲁迅祝寿,还第一次称呼"鲁迅同志",因为平时一直叫鲁迅"鲁迅先生"或者"大先生",所以第一次改口还颇不习惯,不过当时的鲁迅却面现笑容,微微颔首,严肃中带着欢乐。

最后,鲁迅在答谢辞中分享了自己年轻时的生活,以及弃医从文、立志把文学作为武器的心路历程。

老式的电梯(作者拍摄)

"疑似"昔日荷兰菜馆的旧址(作者拍摄)

现在的重庆南路50号已经找不到了。我沿着重庆南路高架下来回走了两遍，按照门牌号顺序，原址应该是在南昌路45号城汇大厦后面、紧邻重庆南路的一片绿地之中。这片绿地夹在几座崭新的大厦之间，初春的寒风中，也没有人在此停留，历史的脚步，就从这里悄悄过去了。

本文发表于 2015 年 3 月 11 日

1952,穿香云纱的奚翠珍 | 王 海

　　【《解放日报》独家老照片】1950 年代上海工人阶级扫盲,映射的是政权更替与转移后,作为"领导阶级"的工人群体,其权益和价值的兑现,它既是我党一贯的群众路线和基层科学化管理的策略需要,更是一种"制度性红利"。在重塑工人阶级文化转型的过程中,奚翠珍们"断文识字"的意义,无论如何溢美都不为过。

在解放日报摄影部的老照片库里,沉睡着一组照片。摄影者手记的题目较长:《国棉九厂一个老年女工参加速成识字班学文化的经过》。女工的名字叫奚翠珍,照片有近20幅,摄影时间在1952年8月前的几个月内,照片说明串连起来,仿若一部纪录片的分镜头剧本——

奚翠珍不会读工厂里的黑板报;

国棉九厂在上海市职工业余教育委员会的领导下,成立了速成识字班,领导上决定奚翠珍脱离生产学习;

女工们前来道喜;

老伴很起劲,花了九万元买了一副老花镜,作为入学的贺礼;

上课了!国棉九厂抽出来参加学习的三百多个工人,正在以工人阶级坚毅的精神,努力学习;

教师刘雅彬,是一个细心而负责的人;一到家里,奚翠珍就在桌子上练习拼音字母。邻近的孩童们围着她,对她说:"阿妈娘,你也教我们";

奚翠珍的小儿子在部队,写信鼓励母亲参加识字班;

短短一个月过去,国棉九厂参加识字班的 300 多个工人,每人平均认识了
2000 字左右;

识字班结业了;

奚翠珍念墙上标语给同事听。

上面这张照片,记录了奚翠珍在家摆弄识字卡片的瞬间。照片上,奚翠珍服饰
郑重,从质地和光泽看,应该是香云纱——按照老上海习惯的发音也叫"香烟纱"。
照片上,奚翠珍面前的识字卡片码得整整齐齐,伊气定神闲,仿佛闲暇时刻在把玩
塔罗牌,或许是家里有摄影记者的原因,她的老伴虽然侧对镜头,依然微微显得拘
谨。在奚翠珍的右手边,正是那副价值九万元(合新人民币九元)的入学贺礼。

1952 年时,奚翠珍 50 岁。她所在的国棉九厂位于杨浦,之前属于日商上海纺
织株式会社第三纱厂。除了在忠实记录 63 年前这段见证共和国扫盲史的纪实黑
白影像中出任女主角之外,奚翠珍其人其事已不可考。从她的年龄或可推测,在参
加速成识字班之前,她已在纱厂做工多年。日商第三纱厂地址在杨树浦路 2086
号,与夏衍先生《包身工》中描写的杨树浦"福临路东洋纱厂"同属日系。"分镜头剧
本"中,邻家孩子称呼其"阿妈娘","阿妈娘"是上海郊区话,意思就是"妈妈",合理
猜测她应该是上海郊区的本地人,当日商在沪上急速扩张之时,被招工进入杨树浦
的纱厂。当然,奚翠珍未必就是包身工,却是包身工的姐妹。在大半生里,奚翠珍
们吃尽了不识字的苦。一直到那一天之后。

上海的扫盲工作

史料记载,陈毅率军进入这个中国最大的城市之后不过数月,即启动扫盲。
1949 年 5 月 27 日上海解放后,接管教育系统的市军管会文化教育委员会旋即指
出:"尽量利用可能条件,开展职工教育……有步骤地扫除文盲"。根据这一精神,
上海自 1949 年下半年开始逐步开展扫盲工作。当时确定首先在干部、青壮年、产
业工人和工农积极分子中进行扫盲。在全市范围内陆续开办为扫盲服务的民校、

夜校、识字班、识字组以及农村冬学等各种形式的扫盲班组。而全国范围轰轰烈烈的扫盲运动,则是本文照片拍摄之时的 1952 年 5 月 24 日启动。

女工们欢送奚翠珍参加速成识字班的学习

上海 1950 年初期约有工人 106 万人。文盲、半文盲约有 69 万人,占工人总数的 65% 左右。其中奚翠珍所在的轻纺工业系统中的文盲、半文盲约占 70%。而在全国范围内,文盲率高达 80%。奚翠珍作为样板,可贵之处在于年龄。在本文照片拍摄四年之后,上海有关部门调查了 1955 年冬至 1956 年春天的扫盲现状,统计显示,全市总人口为 650 万人,市民中 14～50 岁年龄段中文盲约占市民人口总数的 18%,共 115 万人。因为在调查中发现 40 岁以上的市民文盲在学习上确有困难,从而将扫盲年限改为 14 至 40 岁。换言之,50 岁的奚翠珍学识字,和现在的"花样爷爷"一样,都是凭着一股对年龄不服输的劲儿。

而 1956 年也是上海 1949 年之后文盲入学的峰值年份。1956 年 4 月统计,全市文盲在学人数达 852921 人,其中职工 376436 人,农民 64080 人,市民 412405 人,比 1955 年增加 68.7%。

在教学方面,上海市遵照国家规定,要求"奚翠珍们"的识字标准是 2000 字左右,农民的识字要求是学完三种课本,即社编、县编、省编教材,大约 1500 字,大体上能看懂浅近通俗的报刊,能够记简单的账,写简单的便条,并学会简单的珠算。

奚翠珍在速成班里学了些什么? 如果教材是 1951 年工人出版社出版的《职工业余学校识字课本》,那第一课的内容是"工人"和"做工"两个词。之后,随着课程的深入,在这套课本第三册中出现了"水蒸气"、"雾的成因"、"空气和风"等介绍自然常识。

速成拼音

"分镜头剧本"交代,奚翠珍回家后"练习拼音",此拼音并非今日大家熟知的汉语拼音。在 1950 年代扫盲运动中使用最广泛的,是由原西南军区文化干事祁建华根据 1949 年前中国推行的注音拼音(台湾地区至今还在使用),结合实际土法发明的速成注音方式。据称此法异常神奇,祁建华本人利用此法在 11 天内认全了一本8000 字的字典。

1952 年 11 月 15 日,中央决定成立全国扫盲工作委员会。33 岁的祁建华以他对扫盲工作的突出贡献,被任命为委员会副主任,从默默无闻的部队文化教员一跃成为副部级高官。毛泽东称他是"名副其实"的识字专家。刘少奇评价他为"我国继仓颉以后第二大文人"。但仅仅 5 年之后,在反右运动中,祁建华又被划成"右派"开除党籍、军籍、公职,遣送农村,强制劳动。他的新婚妻子也撇下刚出生的女儿,离他而去。此乃题外话,按下不表。

祁建华发明的速成识字法虽在短时期内效果显著,但根据记载,由于片面追求"跃进式扫盲",上述几年内文盲的"复盲率"在部分地方高达 24%。尽管如此,到1956 年,扫盲 4 年后的奚翠珍,用简单汉语给儿子写信应该并非奢望。这一年,据称上海产业工人中的半数已经摘去文盲的帽子。

1950 年代上海工人阶级扫盲,映射的是政权更替与转移后,作为"领导阶级"的工人群体,其权益和价值的兑现,它既是我党一贯的群众路线和基层科学化管理

奚翠珍念墙上标语给同事听

的策略需要，更是一种"制度性红利"。在重塑工人阶级文化转型的过程中，奚翠珍们"断文识字"的意义，无论如何溢美都不为过。

1949年底，上海产业工人人数不到100万，十年之后的1959年人数已逾200万，此时的上海已从纯粹的消费型城市转型为新型托拉斯式的工业城市，在之后数十年内承担了"共和国长子"的重任，向国家财政贡献了绝大多数的收入。属于"制度安排"的工人扫盲，其前瞻性眼光不仅立足于"开启民智"，更是新时期政治和经济任务使然。

列宁在《新经济政策和政治教育委员会的任务》一文中曾指出，苏维埃政权建立以后，特别是国家正面临经济建设极度困难的情况下，每一个政治教育工作者都必须面对三大敌人：共产党员的狂妄自大，文盲，贪污受贿。关于文盲，他认为，只要还存在文盲现象，就很难谈得上政治教育，"文盲是处在政治之外的，必须先教他们识字。不识字就不可能有政治，不识字只能有流言蜚语、谎话偏见"。

2001 年 1 月 1 日,我国政府向全世界宣布:中国如期实现了基本普及九年义务教育和基本扫除青壮年文盲的战略目标。这一年,穿香云纱的奚翠珍,整整一百岁。

(图片来源:《解放日报》老照片)

本文发表于 2015 年 3 月 14 日

巴拿马与茅台酒说不清的恩怨 | 秦　凌

厘清真相不是为了今日酒类品牌之间的攻讦,其实在今日,对我们更加有启示意义的或许应当是中国参加巴拿马万国博览会这段历史本身。

近日,关于茅台酒到底有没有在一百年前拿过巴拿马博览会金奖的质疑,再一次在互联网上引发关注。其实,这段公案也不算新话题了。只是对于主打爱国情怀的人来说,百年前茅台参会,总归是代表着国货的辉煌;而对于另一些较真的人来说,"金牌"和"奖章"的文字游戏,足以把一个品牌打入十八层地域。

那么问题来了,巴拿马万国博览会究竟是个什么鬼?发了多少奖?茅台有份吗?

两家酒坊

"巴拿马万国博览会"的全称是"1915 年巴拿马—太平洋国际博览会"(The 1915 Panama Pacific International Exposition)。主要是为了庆祝巴拿马运河开凿通航而由美国举办的一次盛大的庆典活动,会址设在美国旧金山市——有很多报道"顾名思义"将博览会的举办地点认定为巴拿马,实误——这个博览会从 1915 年 2 月 20 日开展,到 12 月 4 日闭幕,展期长达 9 个半月,总参观人数超过 1800 万人,开创了世界历史上博览会历时最长、参加人数最多的先河。

按照参展产品的实际情况,博览会设立六个奖项等级。即:最高奖章(Grand Prize)、荣誉勋章(Medal of Honor)、金质奖章(Gold Medal)、银质奖章(Silver

Medal)、铜质奖章(Bronze Medal)、口头表彰奖(Honorable Medal,无奖牌)。整个博览会期间,共评出 25527 个获奖产品,其中实发奖章 20344 块,奖状 25527 张,其中中国共获得 1218 个奖项。

奖牌正面展现了一对青年男女,分别代表太平洋和大西洋,他们注视着对方,在光芒四射的初升旭日下,透过薄薄的云雾正在走到一起;左右两侧的海洋中间是一小条陆地,象征着由于巴拿马运河的通航进一步带来了大西洋和太平洋地区的团结和繁荣。底下有拉丁文 DIVINE DISIVNCTA IUNXIT HOMO,意即"人类从不同的地区相聚在一起"。奖牌背面当中是博览会的中心建筑——旧金山的宝石大厦,四周英文是"巴拿马太平洋世界博览会"的全称。建筑物下面一个旋涡装饰的方块里显示英文"MEDAL OF AWARD",是奖牌的意思。左右两边是两枝优雅的棕榈树枝叶。下面古罗马数字"MCMXV"是博览会举办的年份 1915。

参考当时中国参赛主事人陈琪编撰的《中国参加巴拿马博览会纪实》,这六个奖项等级在中国人的记载中被以天干标记,分别是甲,乙,丙,丁,戊,己。其中陕西官厅酒、直隶官厅高粱酒、河南官厅高粱酒、山西高粱汾酒和广东官厅果酒获得最高奖章(Grand Prize),而其中金奖对应的是金质奖章(Gold Medal)即丙中无任何一种中国酒获奖,银质奖章(Silver Medal)即丁中也无茅台名称,只有在铜质奖章(Bronze Medal)即戊中有贵州官署报送的酒。

根据相关资料,当年贵州省仁怀县(属于遵义地区)呈送"茅台酒"参赛时呈送了荣和、成裕两个酒坊的白酒。据说这两家的酒到了巴拿马赛会事务局后,农林部官员发现一个商标是"茅台村荣和烧房制造",另一个商标是"茅台村成裕烧房制造"仅一词之差,老外更难理解。于是,农林部官员"擅自决定"将两家烧房制造的商标撕下,统一换上贵州公署造酒公司商标送展。

之后的麻烦显而易见,次年巴拿马奖牌从北京送抵仁怀时,到底该把奖牌给谁呢?两家酒坊起了争议,后来官司一直打到省府,贵州省公署下函:"(奖牌奖状)由该知事发交县商会事务所领收陈列……嗣后该两户售货仿单商标均可模印奖品以曾荣誉,不必专收执为贵也。"(《贵州省公署致仁怀县公函》1917 年 6 月 20 日),由此,两家作坊成为巴拿马奖牌共同得主。

上世纪 50 年代，荣和、成裕(已更名"成义")、恒兴三家茅台镇最大的烧酒作坊陆续公私合营，合并成茅台酒厂。"茅台酒"遂由一模糊的原产地标志，变成后来的产品注册商标。荣和、成裕烧坊的巴拿马万国博览会奖牌，亦名正言顺地归于茅台酒厂。

莫名其妙的"金质奖章"

新中国成立之后，茅台在巴拿马获得荣誉的说法，也开始随着时代的变迁而变化。

1959 年，发表在《人民日报》上的《茅台酒之乡》一文如是写道："1915 年，世界各国在南美洲召开闻名于世的巴拿马万国博览会，我国的八大名酒也在参加比赛之列。当时，由于我国国际地位很低，外国资本家总想贬低茅酒的地位，但茅酒的'无色透明、醇香回甜'的特色，不能不使那些大肚皮们惊叹不已，赛会只得把质量该属第一的茅台酒评为世界第二位，仅次于白兰地。"

用现在的视角看来，这篇文章充满了诸多常识性错误：之前说过，"巴拿马万国博览会"并非在南美召开，仅是因纪念巴拿马运河开通而得名，举办地是在美国旧金山；而"八大名酒"的概念则最早始于第二届全国评酒会，巴拿马博览会从未对酒类产品单独评奖，酒与大豆、水果、猪鬃等一同归入农产品，因而根本无所谓世界第一位、第二位的酒；至于白兰地是酒的一个大的分类，博览会各国上百种白兰地参赛，不可能统一获得"世界第一"的称号。

自此之后，国内主要媒体对茅台的报道很多，大多沿袭了"世界第二"的说法，直到 1974 年的《贵州日报》、1979 年的《工人日报》均持这种说法。1963 年的《光明日报》，则称茅台酒在那次赛会上"被评为世界名酒"。

1981 年《光明日报》发表《"开坛香溢十里家"——访贵州茅台酒厂》，经过改革扭亏为盈的茅台酒厂成为典型，"茅台酒荣获金质奖章"的消息随着铺天盖地的媒体报道和宣传迅速变得老幼皆知。

从此以后，茅台和"巴拿马金奖"再也不曾分开过。1986 年，茅台酒厂在人民大会堂举办"纪念茅台酒获巴拿马金奖 70 周年活动",2005 年,中国轻工业联合会、贵州省人民政府在人民大会堂隆重召开"纪念茅台酒荣获巴拿马万国博览会金奖 90 周年"大会,而在今日茅台集团的官网上,"茅台获得的荣誉"第一项便是"茅台荣获 1915 年'巴拿马万国博览会'金奖",这一说法似已成为"定论"。

名侦探柯南说:"真相只有一个。"但是,厘清真相不是为了今日酒类品牌之间的攻讦。

其实严格来说,因为时代的嬗变,获得最高奖章的陕西官厅酒、直隶官厅高粱酒、河南官厅高粱酒、山西高粱汾酒也更多的是原产地标志而非现代商业意义上的品牌,和今日的陕西西凤酒、衡水老白干、河南宝丰酒和山西汾酒之间也并非简单的一一对应关系。另外由于西方与中国酒文化的差异,比较习惯于葡萄酒、白兰地、威士忌都是味型香气复杂多样的西方人或许更容易接受香味较洁净的清香型白酒,所以以清香为主的北方烧酒比浓香、酱香的西南烧酒获奖更多,事实上,当时中国各种仿制国外工艺口味的洋酒果酒获奖更多,这本身不能成为高下优劣的唯一评判依据。

巴拿马的意义

其实在今日,对我们更加有启示意义的或许应当是中国参加巴拿马万国博览会这段历史本身。

1915 年因为有参加巴拿马万国博览会这一历史性的事件,在某种意义上成了中国商品的国际化元年。

那次参展,中国产品种类的丰富、品质的优良、工艺的精湛、价格的低廉都引发了轰动效应,上文提到中国展品共获得奖牌 1218 枚,其数量为各国获奖之冠。以至于有美国媒体评价中国为"东方最富之国",更有人称中国为"东方大梦初醒、前途无量之国"。当时正值第一次世界大战期间,欧洲战火蔓延,产品外销阻断,货物需求大增。美国作为欧洲传统贸易伙伴,瞄准了这一大好时机。巴拿马运河的开通又大大缩短了太平洋到大西洋的航程,使美国从中国进口物资转运欧洲更加方便快捷。因此,中国商品的成功,在一定程度上促进了中美贸易交流。

博览会的效果当年就显示出来了,1915 年中国对美国出口额,丝绸 14000 万美元,茶叶 1800 万美元,桐油 1120 万美元,较上年共增加 6000 万美元。产于甘肃、东三省、直隶、云南等地的地毯原每年出口额不过 10 万两白银,博览会后,销售额增加几乎 10 倍。加上一战的因素,一些国家因为战争而导致的物资匮乏,也使他们对中国制造的需求旺盛。可以说,巴拿马太平洋万国博览会给予了作为原料输出大国的中国一个绝好的对外贸易机会,同时,也使中国学到了世界先进的商贸知识。

当然,中国当时存在的短板也是显而易见的,虽然各种特产农产品以及丝绸、茶叶、瓷器等确实为国争光、蜚声海外,但缺少现代工业化的产品是无法克服的硬伤,基础农产品体现出的内涵价值从现代工商业的视角看也有所欠缺。

在这个意义上,虽然今日中国的酒业和茶业比之 100 年前有了长足的发展和翻天覆地的变化,但如何更好的修炼内功、提升产品的规模化、现代化水平仍然是相关的企业家无法回避的重要课题,也是对其经营管理智慧、品牌和资本运营能力的巨大考验。

此时此刻,与其纠缠于百年前的是非恩怨,不如整顿心神,全心面对未来的挑战和机遇。

本文发表于 2015 年 3 月 26 日

金陵东路：另一种"大马路"的存在 | 章迪思

如果说，两条"大马路"中，南京路代表了上海人的"面子"，那么金陵东路，或许某种程度上代表了至少一部分上海人的"里子"：它有荣耀的过去，也直面现实的尴尬与逼仄；它总是被拿来与某些标签相提并论，却很少被真正关注过。

十几岁的时候，读过台湾作家陈启佑一篇千字不到的小小说《永远的蝴蝶》，作品情节很简单：在一个雨天，"我"的恋人樱子帮"我"到马路对面去寄信。随着一阵刺耳的刹车声，樱子年轻的生命就在离"我"几米远的马路中间消逝了。

多年来始终记得这个情节简单的故事，文字的唯美固然是一方面，但更念念不忘的，却是文中一句不相干的话："我们就在骑楼下躲雨"。年少的我一直在想，到底什么样的楼，叫做"骑楼"呢？

义是很多年后才知道，原来一直念念不忘的"骑楼"，在上海就有（请原谅一个长期生活在浦东的本地人的孤陋寡闻）——从金陵东路西藏中路到金陵东路河南南路段，有着全上海最集中的骑楼。最近有消息传出，曾一度传言要拆迁的金陵东路骑楼，官方明确表示将得保留重建，这无疑是好事一件。不过，除了保留骑楼，如何让百年金陵东路重现光彩，恐怕也是相关人士必须考虑的问题。

所谓的"骑楼"，原是华南地区、包括南洋等地的特色建筑风格（这也从侧面印证了小说《永远的蝴蝶》中有骑楼出现并非诳语），比较通行的说法是，该地区阳光充足雨水丰沛，为了方便行人遮阳避雨，沿街店铺往后退一部分，左右相通，使店铺面前形成一条室内人行道，方便行人的同时无形中也增加了客源。如此一来，二楼以上的楼层就像"骑"在一楼之上，故称为"骑楼"。

金陵东路之所以会有如此集中的骑楼，也有两种不同的说法。一种说法是，上海开埠以后，外来人口涌入，闽广一代的移民大多聚居于此，遂修建起骑楼式建筑。还有一种说法是，该地区原属于法租界，当时的法国领事馆即位于金陵东路上，法国人参照当时法属殖民地越南的建筑风格，在这里建造了骑楼。

从现今留存的建筑来看，似乎第二种说法更加靠谱些。因为金陵东路的骑楼一般都有二层楼高，而不是像东南亚那样只有一层楼高，廊柱上的装饰花纹也有明显的欧式风格。不过，不管哪种说法，除了直观的遮风避雨之外，这种富有年代感的建筑旨趣，恐怕很难为现在金陵东路上的普通行人所察觉。事实上，这几年的金陵东路，业态定位始终略显混乱，从乐器行到文化用品店再到重口味川菜馆，总给人一种没有踏准节奏的感觉，而缩进的店面设计导致光照欠佳，加之四周高楼遮蔽，使得原本就看不清晰的店招显得更加暗淡。

如果说一条街也有前世今生的宿命，那我相信，金陵东路现在略显尴尬的状况，在它一百五十多年前试图与英租界及南京路"别苗头"开始，就已经注定。

有记载显示，最早的法国总领事馆位于现在的金陵东路北、四川南路与溪口路之间。1854 年，小刀会起义后，法国领事馆被法国海军借为军用，领事馆迁到金陵东路路口，金陵东路理所当然叫"领事馆路"，但问题来了，英租界里也有一条"领事馆路"，怎么区分呢？于是，这条路就取中文名为"公馆马路"。当时，上海滩还有一个民谣："大英法兰西，大家勿来起"。"来起"是沪语的"来往、交往"之意，这句话是讽刺英、法租界各管各，大家不相关。

之所以"不来起"，说到底还是要别苗头。英租界里有一条最宽、最热闹的马路南京路，大家称为大马路，那么，"公馆马路"当然不甘示弱，也要叫"大马路"。为了表示区别，"南京路"叫"英大马路"，"公馆马路"叫"法大马路"。直到现在，少数老派的上海老人，还是会管金陵东路叫做"法大马路"。

这还没完。到了 1943 年，两条租界色彩浓厚的"大马路"都要改名，"英大马路"叫南京路，因为南京是国民政府所在地，象征着最大；"法大马路"也要沾一点光，就以南京的别名"金陵"命名，于是就有了金陵路。一直到解放，"大马路之争"

才宣告结束。

可是，从诞生起就纠缠金陵东路的"身份焦虑"，并没有得到真正缓解。上世纪九十年代初，黄浦区曾设想打造金陵路商业一条街，"形成文化、美容美发、乐器、鞋帽、礼品、棉布等几十个大类上万种商品集约化经营的商业街"，与西藏路，南京路，外滩商业连成环区商业网络，被誉为"第二条南京路"——又是"南京路"！如果金陵东路是个有情绪能感知的拟人化卡通形象，当"它"得知在二十世纪九十年代还要再续与南京路长达百年的"缘分"，恐怕只有用脑勺后三条黑线加一滴汗形容"它"当时的心情。

很难说金陵东路的定位究竟出了什么问题。论特色建筑，不仅有当时高大上的骑楼，还有哥特式天主教堂圣若瑟教堂，本地里弄宝兴里、笃行里则是租界三教九流混杂之地；论文化传承，不仅有若干耳熟能详的老字号门店，如曹素功、恒源祥，甚至还有诞生距今整整百年的《新青年》杂志门市部……比起文艺青年爱扎堆的西区小马路，难道仅仅是因为少了法国梧桐和咖啡馆？

在查阅资料时，还发现一个有意思的现象，不少文章都把金陵东路和南京东路、淮海中路、四川北路并成为上世纪九十年代的"上海四大商业街"，但至少就我的记忆，从官方称法到当时的地理教材，"四大商业街"中并没有金陵东路。不管是以讹传讹也好，另有隐情也好，这个误传，似乎也象征着金陵东路百年来的某种不甘。

"到底意难平"。

王家卫的《一代宗师》里，提到了"面子"和"里子"之说。如果说，两条"大马路"中，南京路代表了上海人的"面子"，那么金陵东路，或许某种程度上代表了至少一部分上海人的"里子"：它有荣耀的过去，也直面现实的尴尬与逼仄；它总是被拿来与某些标签相提并论，却很少被真正关注过。

而这，或许正是生活的实相。

本文发表于 2015 年 4 月 10 日

浦东旧照：
最不像"上海"的上海 | 章迪思

　　这段民间集资建铁路故事的背后，那种不安于现状、勇于去尝试去改变的心态，或许是浦东人骨子里的基因，它与今日陆家嘴的天际线、洋山港的起重机吊臂、又或是世纪大道灯火阑珊处背后所隐藏的东西一脉相承。

在《解放日报》资料库输入"浦东开发"四个字,第一条记录来自 1981 年 12 月 6 日。在当时举行的"如何改建上海市"主题征文中,不少作者围绕"浦东开发"发表了真知灼见,其中,"市海运学院水运管理系教师褚广成、余佑权合写的《开辟浦东新港区促进新上海的建设》获得一等奖"。

那时,距离我在浦东一间普通乡间医院出生,还有四个多月。

如果说,生命从无到有,让人感叹造化的神奇;那么一个地区,从地图上久已存在的普通地名(据记载,明嘉靖以后,"浦东"作为地名,开始经常使用),变成一种城市建设的标杆,进而成为某种精神的象征,更有理由让我们为整个时代感到自豪。

以"浦东"为关键字在《解放日报》图片库进行搜索,海量的照片,从机场到大桥,从高科技园区到自贸试验区,线索千头万绪。而新旧照片的强烈对比,或许可以给人最直观的印象。

下面这幅照片(开发前的小陆家嘴),恐怕很多人都认不出来,这就是寸土寸金的小陆家嘴地区。那时压根没有"厨房三件套",东方明珠电视塔也刚刚建成,鳞次栉比的旧式民居里,大约居住了 3000—4000 户居民,还有各类旧建筑物 20 多万平方米。1997 年 7 月 1 日,这里建成了一片 10 万平方米的中心绿地。据当时《解放日报》的报道估算,建设费用加上当时的地价,这片绿地价值 30 亿,无疑是个天文数字。

陆家嘴中心绿地前后对比。（图片来源：浦东开发开放展）

　　当然，很快普通市民就能感受到它的好处。下面这幅是 1998 年两对新人在陆家嘴中心绿地拍婚纱照的情形。宽大并不合身的西装、新娘手捧花的塑料包装纸和人工痕迹明显的缎带，无一不充满了那个时代的明显特征。时过境迁，新人的婚纱礼服、手捧花的式样早已改头换面，可是，去中心绿地拍婚纱照，依然是不少新人梦寐以求一场高大上婚礼中必不可少的保留节目。

　　这就是我喜欢浦东的地方。它的好,不仅仅在于见诸报端各种正面报道中的建设速度、投资力度,更在于,在钢筋水泥和真金白银之外,浦东的速度和高度是有体温的,是能让浦东老百姓感到实惠的。

　　许多人知道,"宁要浦西一张床,不要浦东一间房",是 1990 年以前浦东给人的印象,之所以会有如此偏颇的取舍,很大一部分原因在于,当时的浦东,交通的确不便。不要说渡江去浦西,就算在浦东的地界上周转,比如从三林到川沙,也要花去大半天功夫。也因此,浦东开发早期的一大重要任务,就是修路。无论是从昔日乡间公路变身为交通主动脉的杨高路,还是横空出世的世纪大道(虽然"日晷"处的大转盘经常让新手犯晕),都大大方便了浦东人的出行。许多人和我一样,沿着这些路去念中学、大学,进而走向更远的远方。

　　不过,在更早的时候,浦东人其实早就在为改善交通出行绞尽脑汁。下面这幅照片,是曾经的上川铁路庆宁寺站。在我小时候,经常坐公共汽车到庆宁寺——也叫高庙,从那里坐摆渡船到定海路桥,再过桥坐公交,才能到真正意义上的"浦西"。那时距离上川铁路的拆除,已经过去十多年。不知为何,今日细读上川铁路的建造经过,仍然让人有血脉贲张之感。

不同时期的杨高路

　　20世纪初期,从川沙县城往返上海市区主要依赖水道,而陆路方面,则只能靠能够适应田间地头小路的人力小推车、即俗称"江北小车"的独轮车出行,交通极为不便。1921年1月,同为川沙县人士的黄炎培、张志鹤、顾兰洲等人集资组建上川交通股份有限公司。同年7月,川沙县交通工程事务所、上海浦东塘工善后局发起筹建浦东庆宁寺至川沙四灶港的上川县道,由上川交通股份有限公司垫付工程款项、建造,同时由公司租用该道路,在其上面铺设铁轨,长21.15公里,并获得30年铁路专营权。此后10多年间,上川铁路又先后向南、向东延伸,全长超过35公里。其间历经战争炮火的摧残,部分线路被迫中断,公司也几经易手,但这条铁路愣是顽强地坚持到了1975年12月10日。

　　或许可以这样去理解,这段民间集资建铁路故事的背后,那种不安于现状、勇于去尝试去改变的心态,或许是浦东人骨子里的基因,它与今日陆家嘴的天际线、洋山港的起重机吊臂、又或是世纪大道灯火阑珊处背后所隐藏的东西一脉相承。从这个角度而言,浦东的精神,或许又是人人口口相传的"海派精神"中被经常忽略,却又最具血性的一支。

　　因为多绿化、道路宽,许多人对浦东的第一印象,往往是"不像上海"。可是,对于浦东来说,"不像上海"远非最恰当的溢美之词。事实上,所谓的"上海",不应该只有花园洋房、旗袍名媛,上海人所崇尚的"实惠",也不应简单等同于安于现状、不思进取。它是逼仄空间中求新求变的勇气,也是着眼于实际、从百姓利益出发的一种"接地气"。而这一切的根源,或许,就在浦东。

(文中图片除标注外,均为《解放日报》资料照片)

本文发表于 2015 年 4 月 18 日

龙华庙会：
上海的民间乡愁 | 王小路

　　4月24日—4月30日,龙华庙会在上海市徐汇区龙华旅游城区域举办,作为拥有四百多年历史、中国国家级非物质文化遗产的龙华庙会,究竟有着怎样的前世今生? 也许许多人都并不知道。

一港、一寺、一塔

说到龙华庙会,不能不提龙华寺和龙华塔。

从历史上来看,早在三国时期,龙华地区就有"龙华荡"之称,具有丰富的水资源。在后来漫长的岁月中,此地一直负海枕江,原野衍沃,川陆之产兼而有之。在龙华境内,一条龙华港穿镇而过,东接黄浦江,西连漕河泾、蒲汇塘。在传统的江南地区,水路和岛屿百姓生计及市镇经济发展都有着密切的关系,龙华港一方面连接黄浦江通往东海,另一方面,也把龙华古镇与上海境内其他地区便捷地联系在一起。

隋唐时期,上海地区经济繁荣,唐天宝十年(751)设置华亭县,同年建立邮驿(古代管办邮局),元至元二十五年(1288),华亭县于上海镇设上海驿,并于龙华设立急递铺,从地图上看,可见当时的龙华已成为松江地区的水陆要津,是通往上海的中转地。上海于1291年正式建县,因此民间也有"先有龙华,后有上海"的说法。可以想象,在龙华庙会近百年的发展过程中,许许多多的游人、信众、商品,正是通过龙华港汇集到了龙华古镇,而龙华庙会也正是通过龙华港向四面八方扩展出去。

与龙华地区繁盛息息相关的,是佛教的流传。龙华地区是上海最早接受佛教的地方,龙华寺始建于唐武则天垂拱三年(687年),是上海地区历史最悠久、规模最大的佛寺。其间历经北宋、南宋、明、清、民国、文革等多个时期的兴建与毁损,直至今日,龙华寺的建筑,仍保持着宋代完整的宏大格局,这在江南地区是比较少见的。

位于该地境内的龙华塔据称创建于吴赤乌十年,如今塔下仍可见龙华舍利记碑,略述了当时的建塔情形。现存的塔身和塔基均为宋太平兴国二年(977)重建,距今也有一千余年的历史,与松江方塔、天马山护珠塔齐名。

龙华寺天王殿东南侧的钟楼,同样有着悠久的历史,它重建于明成化十三年(1477),后经多次重修,飞檐丹柱,黄墙乌瓦,古朴壮丽。被誉为沪城八景之一的"龙华晚钟"铸造于明洪武三年,钟高2米,重量达一万三千多斤。回想数百年之前的龙华香汛期间,四海信众,八方香客,或乘扁舟,或驾车马,进庙、登塔、赏花,桃红柳绿,花香四溢,美景怡人;待得夕阳西下,暮色苍茫,塔影入霄,依稀可见,晚钟悠扬,隐隐可闻——那钟声,层层叠叠,余韵不绝,连船过了十八湾,钟声还清晰可闻。

从四面八方赶往龙华的船

龙华香汛和三月桃花

据说,三月龙华庙会的形成是为了纪念弥勒菩萨涅磐日而来。三月三日传为弥勒菩萨涅磐日,起初寺内只在这一天举行盛大仪式,做水陆道场,超度祖先亡灵,随后由于香火兴旺,又是踏青时节,因此活动日益丰富,庙会也就从三月三延续到了三月十五。到了明代,龙华庙会已经从起初祭祀神灵的活动,演变成了融信仰、消费、社交、娱乐等多重内涵的综合民俗节庆活动。至清代时,龙华庙会愈加隆盛,声名远扬,大量来自乡村的农民乘着小船,带着儿女,成群结队地涌入龙华寺烧香。大量来自城区的市民也纷纷坐着马车,穿着盛装前往龙华寺祈太平,求福寿。为了满足香客的消费需求,各地行商坐贾、小商小贩从水陆各路涌到龙华寺周围,寺内寺外,人山人海,摊位林立,丝竹笙竽,仪仗台阁,把整个龙华地区都笼入一种波澜壮阔宏大壮观的狂欢情境之中。清人秦荣光作词云:"车如流水马如龙,轮船帆船白浪中,香汛赶齐三月半,龙华塔顶结烟浓。"说的就是如此场景。

庙会中车水马龙的景象

起初,庙会只是集中供应香烛纸具,饮食小吃,花卉果蔬,日用杂货,后来逐渐发展为经销各地土特产,到了明清时期,临时性的赶集设摊,发展为固定商铺,至民国初,龙华老街上已有商铺近两百家。在民国年间的《申报》上,经常有关于龙华庙会的报道。例如1926年4月5日有一则题为"昨日龙华游客之热闹"的新闻云:"昨为星期,又值寒食,沪上各界士女,纷往龙华一带扫墓进香者,络绎不绝。如斜土、斜徐、谨记、漕溪、天锁桥各路,自上午九时起,往来之马车、汽车、人力车等,连续不断,法租界十六铺至徐家汇之二路电车及沪闵长途汽车之龙华专车,乘客均拥挤异常,二路电车之拖车,本至善钟路为止,昨日亦拖至徐家汇、龙华四周之马路……"

除却香汛,"十里桃林红不断,画船常滞画桥西"的龙华桃花,亦将庙会盛景推向高潮。花事盛时,恰值龙华香汛,两者相因,更使庙会名声大噪。如果把时间推到明末清初,龙华桃花还并不十分闻名,当初只有上海旧城西门外的乡村才可以看到桃红柳绿的景象。随着庙会的兴盛,龙华西门外商业的繁荣,桃柳便西移至肇嘉浜畔,从此桃花变成为龙华一绝,与龙华寺、龙华塔并称"龙华三绝"。清代末年,

龙华寺前热闹的停车场景

"龙华桃花"与"法华牡丹"、"法华丛桂"、"艾镇玫瑰"、"江桥梅花"并称为沪上最负盛名的五种花卉。清同治年间,自小木桥至龙华镇西,桃树绵延成林,垂杨夹道,红霞十里,菜花鹅黄,蜂蝶齐飞,如入仙人境,若游武陵源,令人目不暇接,流连忘返。

民间乡愁

自明代以来,龙华庙会前几日,有"出会"的习俗,目的是为开市祈祥,组织者大都从地方乡绅和龙华寺僧人中推选出来。整个出会有相当规模的仪式和程序,伴随各类民间文艺表演,在龙华区域内游行,持续三天。当年流传在龙华地区的一则民间故事《仙人出会》,似乎可以从中一窥当时出会的盛况。传说当年在龙华寺、龙华塔,以及龙华香花桥下的龙华港这三个地方住着许多仙人,日夜保护着古寺的安全。有一天,这三个地方的仙人聚集在一起,举行了一场规模盛大的出会活动。他们从古寺古塔里出来,仙人众多,衣冠楚楚,五颜六色,各模各样,场面豪华,浩浩荡荡。

这是一个非常有意思的传说，其想象的摹本，应该就是来自于龙华庙会的迎神出会，这也是民间百姓通过想象和传说所描摹的精神家园。

庙会期间各色摊位

数百年的龙华庙会还创制了许多特色食品：龙华羊肉、龙华五香豆、龙华豆腐干、冰糖梅子、八宝粥、荸荠片和龙华素斋……其中尤以龙华豆腐干最负盛名。它早在清末就名声鹊起，最初由龙华寺僧人所制，主要在庙会期间应市，后来因为生意兴隆，招来很多仿制者，后来又有许多商贩更是以卖龙华豆腐干为生。据说，龙华豆腐干一寸见方，分为白色、酱色、卤汁、麻辣四种口味，曾有"善男信女吃了龙华豆腐干回去便可多买一亩田"的口彩，也因价廉物美、口味独特，凡是到龙华的人都要一品为快。直至抗日战争前，全龙华镇有六户专营豆腐干店，解放初，加上临时摊贩还有三十余家，其中最著名的为百年老店"吴顺兴"。公私合营后，龙华豆腐干专营户纷纷改行，直至 1966 年之后，龙华豆腐干基本不见踪影。如今，市面上供应的龙华豆腐干基本上都是七宝镇豆制品加工厂制作供应，龙华地区本身已不再生产豆腐干。

（本文图片由徐汇区龙华街道提供）

本文发表于 2015 年 4 月 28 日

申报馆：
重回摩登时代 ｜ 章迪思

　　【地标记忆】这种摩登甚至一直延续到前几年，申报馆旧址变成某家著名港式茶餐厅，午后两三点，我和同事们混迹于慕名来此的本埠时尚青年中间，坐在一楼白色穹顶下，喝丝袜奶茶、吃菠萝油、看竖排繁体字香港报纸，可仔细一想，正如王家卫的电影里总有个说上海话的潘迪华，如今年轻人视之为时髦的"港味"，其底子，不正是来源于昔日摩登的上海吗？

1872 年 4 月 30 日,英人美查在汉口路望平街(即现在的山东中路)转角创办《申报》,开始了它跨越晚清、北洋政府和国民政府三个时代的办报生涯。

143 年后的同一天,一家位于申报馆旧址(即现在的汉口路 309 号)的咖啡厅,经过半年的筹备与试运营,于这一天正式开业。为了向百年报业传统致敬,不仅店名取作 the Press,店内的服务生,也一律以衬衫背带裤、头戴报童帽的形象示人。揣度店家心意,恐怕正是为了让传统与摩登在此交汇。

对于熟悉这座城市历史的人来说,申报馆所在的汉口路山东中路路口,几乎承载着一个半世纪以来一座城市的记忆。先看汉口路。外滩的江海关大楼,迎接每一个经水路到达上海的游客,直到今日,上海人所能想到最具海派特征的跨年方式,依然是聆听这座钟楼的钟声;汉口路江西中路的工部局大楼,后来成为上海市人民政府所在地;而它斜对面的圣三一堂,鲁迅曾在这里接受中共地下党员潘汉年、冯雪峰等人的建议,同意列名"中国自由运动大同盟"发起人。

再来看山东中路,即昔日的望平街。众所周知,望平街堪称中国近代报业摇篮。继《申报》之后,美商福开森在斜对面(今汉口路 274 号)开办《新闻报》,与申报馆隔邻相望。1904 年,中国人狄楚青创办《时报》于望平街福州路口,与《申报》、《新闻报》形成三足鼎立之势。三大报明争暗斗,各有千秋:申报馆里有当年世界最先进的印刷轮转机;新闻报馆四楼屋顶养了三四百只意大利信鸽,用于记者远距离发稿;时报馆大楼是突兀的七级佛塔,佛塔下的风铃,随风响起清脆的声音……

而位于这个路口的申报馆,更是具有某种原点意义的所在。1949 年 5 月 27 日上海解放前一天,《解放日报》在这里正式接管《申报》,宣告新中国新闻宣传工作的开始。

从这个意义上来说,把申报馆比作所有(曾经的、现在的)报人的精神故乡,应该不算过分。

在很长一段时间内,我所供职的解放日报社,就在申报馆内办公,待我进报社时,已经搬迁至对面路口的汉口路 300 号,但还能经常听前辈师长们回忆在申报馆内工作的场景——"309"(老报人喜欢用门牌号指代对面的申报馆)的办公桌如何气派、办公桌上的台灯如何有古意,甚至,就连"309"里闹鼠灾(不知为何,凡是印刷报纸的地方往往会有老鼠出没），都有富有趣味的传奇。

申报馆工人正在切白报纸

申报馆排字房

位于汉口路山东中路的申报馆旧址,建筑至今保留

当时,报社的一部分经营部门仍在"309"内办公,偶尔因工作需要前往,穿过自行车黄鱼车小汽车并行的汉口路,推开装有一对铜质把手的沉重大门,摁下电梯,仄进狭小的电梯间,我几度怀疑,打开电梯门看到的,或许会是穿着长衫的王韬,或是别的某位《申报》主笔。

诞生于19世纪中叶的《申报》之于上海的意义,远非一张薄薄的新闻纸能够说清,它不仅是全上海第一份报纸,也是第一个把买报纸、读新闻的近代生活理念带入上海市民阶层的大众传媒读物,直至今日,许多上海老人仍用"申报纸"来指代所有的报纸。

不仅如此,作为中国商业化发达程度最高的城市,上海的近代化进程,同样离不开《申报》。19世纪后半期,在内忧外患的大清朝境内,上海租界因其拥有"治外法权",吸引大量西方人来此定居。而位于公共租界内的申报馆,等于是给供职其

上世纪四十年代,热闹的汉口路山东路口

间的传统文人提供了一个接触西方信息和文化的绝佳机会。在此熏陶下,报人作为西方文明的最直接体认者之一,不仅感受着摩登都市文化,也逐渐形成对世界和中国传统社会的重新认识,并通过报纸媒介传播给大众。

可以说,申报馆从一开始,就是摩登的。这种摩登甚至一直延续到前几年,申报馆旧址变成某家著名港式茶餐厅,午后两三点,我和同事们混迹于慕名来此的本埠时尚青年中间,坐在一楼白色穹顶下,喝丝袜奶茶、吃菠萝油、看竖排繁体字香港报纸,可仔细一想,正如王家卫的电影里总有个说上海话的潘迪华,如今年轻人视之为时髦的"港味",其底子,不正是来源于昔日摩登的上海吗?

金宇澄的《繁花》开篇这样写道:"独上阁楼,最好是夜里。《阿飞正传》结尾,梁朝伟骑马觅马,英雄暗老,电灯下面数钞票,数清一沓,放进西装内袋,再数一沓,拿出一副扑克牌,捻开细看,再摸出一副。接下来梳头,三七分头,对镜子梳齐,全身笔挺,骨子里疏慢,最后,关灯。否极泰来,这半分钟,是上海味道。"

　　举手投足间的上海味道,最难言传;同样,所谓的摩登味道,也并不体现在新造几座大楼,而是如空气如微风般看不见摸不着,却又丝丝缕缕沁人肌肤,一旦离开便会想念的东西。并且神奇的是,无论时隔多久,只要一回到同样的空间位置,这种感觉立即就会苏醒。

　　近几年来,尽管不再与申报馆日日相对,但只要重回故里,站在傍晚时分的汉口路山东中路路口,看车水马龙、听市声杳然、夕阳在狭窄的马路上洒下碎金、新古典主义风格的建筑沉默不语,我每每总有种错觉,属于申报馆、属于报人的摩登时代,并没有结束。

　　　　　　　　　　　　　　（文中照片来自解放日报资料中心,均为《申报》馆藏旧照）

　　　　　　　　　　　　　　　　　　　　　　　　　本文发表于 2015 年 4 月 30 日

沪西工人俱乐部：
工人的全盛时代

露　文

　　【《解放日报》独家老照片】1950 年的五一劳动节，是上海解放后迎来的第一个劳动节。沪西区的青年界也在新落成的沪西工人俱乐部举行了盛大的纪念"五一"、"五四"晚会。

　　1950 年五一劳动节，常德路 940 号，沪西区工人俱乐部成立。这是上海市最早的工人俱乐部，比之后为上海人熟知的"沪西工人文化宫"出现要早 10 年。为了继承解放前沪西工友俱乐部的光荣传统，当时的人们命名它为沪西工人俱乐部，后改名为现在的"静安区工人俱乐部"。

　　虽然已经解放，但在 1950 年初，笼罩在上海上空的战争硝烟尚未散去。1950 年 2 月 6 日，国民党飞机还对上海杨树浦、闸北等地出动了 4 批次 17 架轰炸机，在上海市区投弹 67 枚，对多个上海重要的电力、供水、机电等生产企业进行轰炸，造成了极大的人员伤亡，史称"二六"大轰炸。但即便是在这样的威胁之下，上海总工会还是从全市文娱基金四亿余元中抽出的一部份基金，决定用来建造工人的乐园，鼓舞工人阶级的士气。

　　之所以选址常德路昌平路口，是因为在国民党统治时期，当局就要在此建造上海市总工会。1947 年年底，国民党当局发起要上海全市工人都拿出一天的工资，作为建设费用。可是这些钱，除购买了一部份材料外，其余都让国民党反动派买了黄金和"大头"，还放了拆息，到 1949 年春天才开始动工，直至上海解放后上海总工会来接收该处时，连完成三分之一都不到。

　　解放后的上海，百废待兴。这幢"烂尾楼"也赢来重见天日的机会。上海总工会决定由当时建筑工会的工友们负责建筑。他们从接收国民党遗留下的七零八落、杂缺不全的各项材料中提取材料。对当时只建设到一层高的房屋进行了重新设计，经过改变图样，重购材料后，克服各种困难，经过五个月的时间，这座"漂亮的新房子"终于建成了。

　　从建筑工会负责这个艰巨的任务时起，工程师王景平和工友王和尚、檀文昌、陆国桢等人就成为了带头人。王和尚常常告诉大家："我们这次包下来的工程，和解放以前国民党反动派包给营造厂做的要完全不同，这是完全为我们自己在劳动！"在木作工周文俊他们那一区，不但不浪费材料，工作做得整齐，还做到能遵守秩序。

　　落成后的俱乐部共有三层楼，第三层楼上有一个大礼堂，后面的放映间内，有市政工会将百代公司一架电影放映机作为给俱乐部的献礼。俱乐部里面有美术室、舞蹈室、戏剧室、游艺室,还有图书馆、阅览室等等,在底层还有一个小商店。一切,就如1950年五一节在俱乐部开幕典礼上,俱乐部主任史桂昌所指出的那样:"只有在共产党和上海总工会的正确领导下,工人才可能有提高自己的政治文化水平,互相交流生产经验的真正娱乐场所!"

从开幕典礼到当月七日的一周中,俱乐部里不仅有工运史料的展览,有各方面首长作报告,关于如何纪念"五一"、"三届代表会议决议"的传达,还有舞蹈家吴晓邦和漫画家沈同衡的讲演。中纺六厂工人赶排了"二姊妹"越剧,陈歌辛领导的音乐组工人创作了"救济失业的工人弟兄们"等歌曲,都要在庆祝周中演出。

1950年的五一劳动节,是上海解放后迎来的第一个劳动节。沪西区的青年界也在新落成的沪西工人俱乐部举行了盛大的纪念"五一"、"五四"晚会。

会上,大会主席沈依新同志说:"热情正象征着我们克服困难的信心。"参加大

俱乐部里的棋弈室

会的市立第一女中学生张锦霞、潘忻安说:"我们要把上海市第三届代表会议的精神贯彻到家庭中去,并且,希望学校能开一次家长会议,来相互交流克服困难的经验,坚强少数家长们克服困难的信心。"

随着工人阶级在城市中的社会地位迅速崛起,一大批模仿苏联模式的工人文化宫、俱乐部在城市遍地开花。

1950年9月30日,坐落在西藏南路的东方饭店挂牌成为上海市工人文化宫。陈毅市长在开幕式上代表中共上海市委、市人民政府为文化宫题写了"面向生产,学习文化"的题词,当天下午,陈毅还为上海市工人文化宫送来了一块匾额,题字是"工人的学校和乐园",这块匾大约长2.5米,宽0.6米,被漆成朱红色,八个大字上面还鎏了黄金,落款是"中国共产党上海市委员会敬呈"。几年内,上海又在工厂密集的杨浦区和普陀区先后建立了沪东工人文化宫和沪西工人文化宫,简称东宫和西宫。之后的上个世纪的五六十年代,各个区县,包括很多行业和大厂也都成立了工人俱乐部。那个时候,各个工人文化宫、俱乐部热闹非凡。

位于产业工人密集的杨浦区的通北路540号,原先有一座汇山公园,抗日战争胜利后,易名通北公园。1950年初,陈毅在市第一次代表大会上,代表市人民政府将通北公园赠予沪东地区产业工人。市总工会沪东办事处接管后,改名为劳动公园,并筹建沪东工人俱乐部,于同年5月1日开放。在迎接解放后第一个国际劳动节时,就有9万余人次来劳动公园参加"红五月庆祝周"、"欢庆舟山解放"等盛大联欢。

上海的工人由此进入全盛时代。资料显示:1952年上海的产业工人约有118万,工会会员有88万人。那个时候到工人文化宫来参加活动都是免费的,只是需要出示工会会员证。会员证,是一本红色的小本本,上面醒目地印着"全世界无产阶级联合起来"几个大字。工会会员证过去叫红派司,进文化宫的时候,只要红派司亮一亮就可以了。

工人文化宫成为上海工人的家。外国和外省市的嘉宾、工人代表团来沪,必要到访工人俱乐部或者工人文化宫。在这些场所,还经常举办各种技术展览会,那时工厂里的革新能手只要一听说要举办技术革新展览会的消息,都会赶来参观。有一些大型工厂的工会还会开着大卡车把工人送到文化宫,展览会上经常是人山人海,师傅们在这里参观,经常还一起交流技艺,那是工人们在这个城市中最闪耀的时代。

上个世纪 50 年代,各类文艺名家也经常去各个工人文化宫和俱乐部演出、传授技艺,由此也培养了一批工人中的文艺骨干。1950 年 6 月,在上海总工会的沪西工人俱乐部就大力展开沪西区工人音乐活动,特开办一千人的歌咏学习班。该班每星期一晚上七时到十时学习三小时,通过该学习班,介绍新歌及有关新音乐的知识,以掀起沪西区新音乐运动之热潮。凡沪西区各工厂无论有无歌咏团组织,均可由各工厂工会文教科负责组织后集体前往沪西工人俱乐部报名参加。

直到现在,有些老工人还是念念不忘当年进入俱乐部和文化宫的那份喜悦。

(图片来源:《解放日报》老照片)

本文发表于 2015 年 5 月 1 日

徐汇旧照：
老派文青的生活样本 | 秦 凌

　　有时候我不免胡想,2011 年把宜家惹毛的中老年相亲者们,或许也就是当年的文青们,他们对高性价比和腔调的追求一以贯之。在觉得他们惨不忍睹的时候,不妨宽容一点地想,他们曾经经历的逼仄所养成的生活习惯,或许也有不得已的地方。

　　作为半生生活半径不出徐汇区的"土著",我有时候不免"远开八只脚"想象上一代的日常生活。他们也许是我们的父母,也许是我们的叔叔姗姗阿姨姨夫,又也许是邻舍隔壁那个现在热衷广场舞的阿姨,那个在工作日白天去宜家二楼餐厅喝免费咖啡的爷叔。

　　他们中的许多在年轻时候应该也算是文青,那么老派文青在徐汇的日常又是怎样的呢?

　　如果有一场在普希金铜像那里的约会,他们从下午或者前一天就会开始准备。

　　头发是要做一下的,小姑娘也许会郑重其事地烫个头发,男同志也要稍微吹一下。选择去哪里做头发,应该和他们居住的地方有关,如果住在瑞华公寓、新康花园或者上方花园,那选择的一定是淮海中路 1352 号的红玫瑰美发厅,而如果住在武康大楼、康平路 100 弄或者永福路 86 弄,那大多是前往淮海中路 1840 号的紫罗兰美发厅。

　　然后,要么坐几站 26 路公交车要么直接步行穿过新康花园走到汾阳路、岳阳路和桃江路交会处的普希金铜像。

　　普希金铜像安置在高约 3 米的基座顶上。铜像坐北面南,铜像下面的纪念碑由米色花岗石砌建,呈三面内弧型,底部正面凸出半圆,以中文镌刻着"俄国诗人亚历山大·谢尔盖维奇?普希金纪念碑,1799～1837 年";顶端砌着半圆石质花盆;左侧碑座镌刻俄文,其意也是"普希金纪念碑";右侧碑座中文刻写纪念碑初建、再建、重建日期与承建单位。纪念碑外沿建花岗石三级台阶及块石铺就的圆形地坪,边上砌有高约半米的 3 个石质椭圆形桶。铜像和纪念碑外面是 3 个绿化小花圃,再外面围着矮铁栏杆。

小姑娘总是要摆摆架子晚到一会儿,可是架子也不能摆得太厉害,一般以迟到一刻钟为度,超过半小时就会被认为作得有点拎不清了,不过男青年也不会说,只是留下一些小的芥蒂。

如果有人能背出来"假如生活欺骗了你,不要忧郁,不要愤慨;不顺心时暂且忍耐,相信吧,快乐的日子将会到来。心儿憧憬着未来,现在却总是令人悲哀;一切都是瞬息,一切都会过去,而那逝去了的,将重新变为可爱",那自然属于文青中的战斗机,绝对是加分的。但只要知道普希金是谁,也不至于不及格,如果能说说普希金和丹特士的故事,作为谈资也就够了。

除了普希金铜像,乌鲁木齐路淮海中路复兴中路路口的三角花园也是徐汇文青的恋爱圣地,现在改造过了,以前有很多树,比较暗,你懂的。

以前上海人谈恋爱,大多是从三角花园约会、荡马路开始的。主要原因和外滩防汛堤坝升格为情人墙的发生机制是一样,那个时候时住房紧张,谈恋爱不能在家人众目睽睽下进行。另外的原因是,以当时普通人的经济条件,每次去咖啡馆之类开销太大,而上门去对方家就是见家长,意味双方关系的敲定。所以在关系待定摸索前进的前期,恋人们只能在外约会继之以荡马路。

"荡"听来有种漫无目的的潇洒飘逸,但内在还是有规律的,马路要绿化好、僻静,所以谈朋友的荡马路和逛街购物的荡马路,选择对象完全不同。淮海路不是谈恋爱荡马路的首选,一般情况下,谈恋爱选择的是本区的衡山路、余庆路、东湖路、汾阳路,等等。

以前的衡山路还没有众多很潮很暧昧的酒吧,去过衡山路的人都晓得,衡山路夜里和白天感觉完全不一样,不甚宽的马路,清清爽爽的街道,马路两边风格迥异的建筑，一切都是那样的小资而浪漫。最讨人喜欢的是浓密成荫的法国梧桐，形成天然的拱顶，走在下面，脑补一路两边洋房里面曾经的故事——老有腔调额！

等到关系进了一步，约会的后续活动可丰可俭，顺便荡马路荡到淮海中路1074号的天鹅阁西菜社吃一顿西餐那是属于搞大了，只可以偶一为之。哪怕就是吃一点在淮海中路1324号永隆食品商店买的蜜饯水果，也不会有小姑娘认为特别寒酸，到淮海中路1582号富春园点心店算是中庸的节目，最是无功无过。

看电影录像也是必须的节目，高大上的内部电影在本区内不是安福路就是永福路，永福路上影厂文学部的放映厅比较简陋一点，安福路的永乐宫装修档次高了不少，电影倒是差不多的。跑到社科院或者新光去不是徐汇的事情，咱们就不讲了。在现在太平洋电脑城这个地方的徐汇区工人文化宫录像厅，去起来就要慎重，在那里，看了一场打斗激烈的香港武侠片却感觉彼此气场不对而分道扬镳的情侣不在少数，这或许是女文青发现男文青其实是"武青"的穿帮，或者就是男青年没有把握"营销"的定位。

文青的日子当然不光是风花雪月，也有柴米油盐，当然这个柴米油盐也是有点腔调的——大白兔奶糖有点稀缺，但是在商店还是能买到，不需要专程跑去漕宝路200号的冠生园食品厂。斜土路1591号泰康食品厂的万年青饼干倒是值得去排队，遇到有碎饼干更是性价比一流。上海乳品二厂破墙开出了饮品店，被称为"牛奶棚"，其实里面只有四种商品：光明牌棒冰、光明牌雪糕、光明牌冰砖和光明牌掼奶油。其中尤以掼奶油而风靡一时，但这个是有点小奢侈了。

遇到特别好吃的，跨区也是可以接受的，红宝石的鲜奶小方，静安面包房的法式长棍、别司忌、面包干，哈尔滨食品厂的杏仁排、蝴蝶酥、鲜肉月饼、西番尼、蛋黄条，也都是喜欢的，为了更加一流的蝴蝶酥，国际饭店也是不妨可以去的。

有时候我不免胡想，2011年把宜家惹毛的中老年相亲者们，或许也就是当年的文青们，他们对高性价比和腔调的追求一以贯之。在觉得他们惨不忍睹的时候，不妨宽容一点地想，他们曾经经历的逼仄所养成的生活习惯，或许也有不得已的地方。

　　徐汇有着自己的文化和情怀,对于生于斯、长于斯的人们来说,热爱的原因永远不是抽象的,总是由那点点滴滴具体的美好汇聚而成,对于曾经的美好,我们作为后辈,恐怕也该多些敬意和理解。

本文发表于 2015 年 5 月 16 日

普陀旧照：
武宁路天桥见证的荣光 | 子不语

作为上海西北角最重要的居住区居民，上世纪八九十年代的普陀人要荡马路，基本都围绕武宁路天桥展开。得出这一结论的佐证之一是，但凡我认识的在普陀区长大的朋友，每人家里都会有一张在武宁路天桥上拍的照片。

不同的普陀人回忆起来的普陀区会大不一样，因为在上世纪八十年代，普陀区的层次感可能是上海所有区里最丰富的。

作为住在谈家渡的少年，我曾经每天穿过西宫，仰望武宁新村的繁荣，所以，我记忆中的普陀区，自然多的是繁华和热闹，而撇掉了那些不怎么上得了台面的东西。比如曾经棚户遍布的两湾一弄、曾经流氓横行的甘泉宜川，甚至撇掉日渐破落的曹杨新村。长征、桃浦？在我小时候那里都是农田呢。

那就说说普陀昔日的荣光吧。

上海人过去曾说，"普陀普陀，又破又大"（用沪语念）。武宁新村肯定是对这种说法不屑一顾的。当年横跨在武宁路东新路口的天桥，首当其冲就有这样傲骄的资本。当时的上海，只有顶尖繁华地段才有建造天桥的资格。令武宁新村有此资格的，是呈品字型占据天桥三个顶端的武宁百货、第三食品商店和沪西工人文化宫。

彼时，百货商店、食品商店和文化宫的组合足以满足所有消费与娱乐需求。所以我小时候最快乐的事情，便是由父母带着逛武宁新村。我会在武宁百货里得到军棋、乒乓球拍、掼炮等考试奖励，然后在第三食品商店里吃到云片糕、沙琪玛和光明牌冰砖，最后在西宫那个呈人字型的湖里划船……

作为上海西北角最重要的居住区居民，上世纪八九十年代的普陀人要荡马路，基本都围绕武宁路天桥展开。得出这一结论的佐证之一是，但凡我认识的在普陀区长大的朋友，每人家里都会有一张在武宁路天桥上拍的照片。

佐证之二，是肯德基在上海的第二家门店便选址于此。上世纪90年代初，西宫影剧院门口迎来了山德士上校。总是飘着异香、排着长队的肯德基门口，成为无数孩子魂萦梦牵的向往，也令武宁新村的繁荣达到一个顶峰。

现在想来，武宁新村繁华的原因，可能正是因为它位于层次丰富的普陀区，又处于各种层次区域的交汇点上。沿武宁往西南，便是上海最重要的工人新村曹杨新村；而沿东星路前行，到了苏州河岸边，铺展开来的则是像两湾一弄这样的棚户区；再沿中山北路铺展开来，一头的华师大新村里有充满书卷气的老教授，另一头的宜川甘泉，民风则剽悍得像一个传说。

原本泾渭分明的不同区域特质在这里水乳交融，可能这就是商业文明的魅力所在。

所以武宁路天桥的拆掉，在我看来是普陀区商业繁荣由盛转衰的一个标志——当然这个说法很容易受人诟病，二十年前的商业形态自然无法和二十年后进行简单类比，但以武宁新村为单一商业核心，形成多点开花的良好愿望，的确在之后二十年时间里，一直步履蹒跚。

首先衰落的是西宫，虽然划船的首选会是长风公园的银锄湖，但西宫胜在娱乐项目的多姿多彩。划完船后，有诸多电子娱乐项目等着孩子们。最为热门的肯定是街霸的游戏机，少年们用"阿多根"和"奥优根"对搏，即使偶尔遇到几个"拗分"的坏孩子也顶多是拔腿就跑。但西宫变成小商品市场后，孩子们失去了乐趣，全市又有那么多小商品市场一起开放，谁在乎这里小打小闹的一个？然后，西宫便彻底沦落为不知道干什么的一片空地。

武宁百货和第三食品商店也被切割成一格一格的商铺，但"班尼路"和"真维斯"们也只能轧一时闹猛，在与各种"POLO"、"皮尔·卡丹"、"华伦天奴"等山寨品牌的并驾齐驱中日渐萧条，然后，就没有然后了。

武宁路一再拓宽,却依然很堵,曾经的商业街现在的主要功能,是作为进出上海西大门的主干道。

也有些新的地标诞生。比如,长寿路上的亚新生活广场轰轰烈烈地开业,无数高档商品楼盘拔地而起。但被寄予厚望的亚新在不温不火许多年之后,现在里面在卖什么,还有多少人知道?真如副中心的计划规划了好多年,如今也仍然是一片大工地。

两湾一弄变成了中远两湾城,由淞沪铁路改造而成的明珠线将两湾一弄、武宁、华师大等一干地方串起,方便是方便了,原本丰富的区域层次感也随之消失;新兴的万里、桃浦、丰庄、江桥都是千人一面的高楼。

我几度怀疑,普陀是不是被定位成一个没有商业的纯居住区域了?这些年,唯一繁荣的商圈可能只有中环百联。即便如此,其背后也有两栋十几年的烂尾楼,隔壁的梅川路步行街,也如流星般瞬般崛起又滑落。

回到我居住的谈家渡,谈家渡在三官堂桥下面,昔日这里最负盛名的是桥下的活禽交易市场,以至于三官堂桥在很长时间都是一地鸡毛鸭毛的代名词。现在,这个市场已经永久关闭。但我觉得,过去二十年,普陀唯一成功的商业发展思路可能就是因三官堂桥市场而起——可不是嘛,普陀最有名的地方,永远是各种各样的市场,尽管西宫里的小市场没搞起来,但铜川水产市场、轻纺市场,还有已经关闭的曹安路蔬菜批发市场,哪个不是全上海最赫赫有名的?

终于在 2014 年,我看到一座号称远东最大的商场,在离武宁新村不远的地方盛大开业。我希望能令普陀重拾昔日的商业荣光。也许是历史的巧合,在普陀区另外一个新建商业综合体的边上,也架起了一座标志性天桥,我希望在这座天桥上,能重新看到上海滩上屈指可数的繁华。

本文发表于 2015 年 6 月 13 日

黄浦旧照：

紫金路的平民生活记忆 顾士强

　　买大饼油条必排队，一根稻秸穿几根油条，一只锅子打两碗豆浆，锅盖反盖放几只大饼。如果豆浆里敲只鸡蛋，那是大户人家的所为，打豆浆时必会大声喊一声"敲只鸡蛋"。

　　说起黄浦区,许多人对它的印象就限于昔日的十里洋场,或是今日的南京路。其实,在这些光鲜的标签背后,在寸土寸金的市中心,同样有着温馨的平民生活记忆。上世纪五十年代中期,我刚出生就随父母家人迁居到黄浦和南市两区交界地区的老北门,落户于黄浦区地界上一条小路——紫金路。从托儿所起,小学、中学直至工作,后因人民路隧道工程动迁而搬离,实足住了 50 年。它见证了我们这代人的成长,它的变迁与发展,也与我们息息相关。

老北门资金路口(作者提供)

　　小时候的紫金路,整条路铺了形状各异的鹅卵石,俗称弹格路,从人民路经金陵东路止于延安东路。靠人民路的路口,从人行道切线至马路中间半幅马路铺了规格一致,大约 20 公分见方的花岗岩石块,在人民路上筑成了一条长长的对半石路,路面整齐平整,整条马路半幅柏油路,半幅石路,黑白分明,软硬不同,好像故意要与对面"邑庙区"(后拆并归南市区)有个明显区分。石块路面很特别,雨天渗水性好,不积水,不湿脚,经雨水冲刷后石块路面干净得犹如新砌,据老人说这是以前法租界时留下的。这里曾经是老城厢区分城里城外的围城门户,租界的划界,也是之后南市与黄浦两行政区的分界。

据说解放前,紫金路原名叫"紫来街",大概是取紫气东来的意思吧,小路原是上海滩有名的红木家具一条业街,大小红木家具店有 15 家,宝号分别有张元春、乔源泰、沈永泰、王顺泰等,文革前在 47 号郭家的立柱上还能隐约见到"鑫泰红木"的店号。据说当时紫来街曾来过一位大客户——孙中山的公子孙科,下了三十根金条买走一批红木家具。

解放后紫来街改名为"紫金路",与周边马路一般以省市名命名不同,估计也是因为我们这条小路在路网上不那么重要,故轮不到排进这个"序列"吧。我估计取名时就随意留了一个"紫"字,又与金陵路相交,那就配个"金"字,如此合成为"紫金路"。而这份"留紫带金的随意"让附近的老居民潜意识里始终会有从前紫檀红木古朴殷实的联想。文革期间也曾被命名过"跃进路",但用时不长,不久就被人遗忘。

紫金路上还曾住过一位从清代宫廷遗散在外的"公公"。小时候大人吩咐我们叫他"姥姥",他总是微笑地用一种特别的声音回应我们。因为有这些,总让人觉得这条街有着历史的厚重沉淀。

紫金路不长,但通过两旁的三条弄堂,慎兴里、同德里、懿德里可分别通往江西南路、河南南路和金陵东路,可谓主干欠长而枝节发达。孩子们玩的时候都会从弄堂里出来,从发达的枝节涌出,聚到紫金路上玩耍。那时候紫金路真是孩子们的天堂,几无来往车辆,比弄堂更宽敞安全。"官兵捉强盗"、"老鹰捉小鸡"、打弹子、滚铁圈、撑骆驼、跳橡皮筋等游戏随处可见。

我钟爱于打弹子,弹格路面异石构筑,呈凹凸不平、纹理错乱的布局,是打弹子的天然最佳战场,头洞、二洞、三洞天然自成。那时候,我们几个小玩伴基本是在 55 号,一家解放前开肥皂厂的业主家门口上街沿打弹子,玩得忘乎所以。

在空调还未进入家庭的年代里,紫金路的夏天,乘风凉是一景。太阳落山,弄堂里吊几桶井水,浇在滚烫的路面上驱散炙热。吃过夜饭,铺板、竹榻、躺椅、小板凳,还有席子,基本铺满整条街,男女老少,比肩而坐,摇扇纳凉。男的基本赤膊,小孩则用痱子粉涂抹得粉白,大家吹牛聊天,讲故事,做游戏。偶尔还能听到靠二弄堂另一家开肥皂厂的许家小儿子,邀几个评弹爱好者,弹拨三弦,唱一段开篇。悠扬婉转的苏州评弹曲调配以糯软的吴语方言,忽近忽远地传来,恰似一阵清风吹入心头,格外凉爽。

有时候,我们爬在屋顶上乘凉,夜色中周围的几处地标性建筑的屋顶就矗立在似乎伸手可及的身边,中汇大厦(前身为杜月笙的中汇银行)的尖顶、自然博物馆(前身为华商纱布交易所)巴洛克式的人脸屋顶、海关大钟、圣若瑟天主教堂等建筑,在夜幕中会忽然让人感到时间的凝固,仿佛有咏唱弥撒和管风琴低吟的声音,如轻风佛来,抚慰着我们烦躁的心灵。头顶上繁星点点,浩瀚神秘,那些年的夏夜乘凉,真是美得难以忘怀。

屋顶除了乘凉,还是我们国庆之夜欣赏烟火时得天独厚的"观礼台",人民公园的烟火在天空中炸开,近得就似在头顶上,劈啪作响,礼花绽放,炫得天空忽明忽暗,闪得屋顶时隐时现。

解放后,紫金路沿街的红木家具店铺没有了,南端第一家开了黄浦区糖业烟酒公司的烟杂店,柜台上两个大口糖果瓶是来来往往小朋友的最爱。当时小孩最大的满足,就是糖果瓶子里一分两粒的咸味糖和一分一粒的甜味糖。老烟枪们则在这里买7分四根大前门香烟或者3分二根飞马牌香烟,如果碰巧能给个烟盒,烟枪大叔一定会像中奖一样,感激涕零,喜笑颜开。

紫金路上还有一个几十年如一日,天天无休的理发摊,摊主人称"小湖北",小小的个子相当本分的人家,靠理发手艺养家糊口,养育了三个儿子,都很有出息,其中一个恢复高考后,读了大学并考上公务员,在政府部门工作。我们小时候剃头全由他包了,5分钱理一次,小孩头,剃的发型基本头皮露白,头顶留一片黑,像只马桶盖,我们称之为"马桶头"。年过十岁,开始懂点审美了,终于有次鼓起勇气对小湖北说:"我要剃青年式",实际我也不知道什么是青年式,只是不想剃"马桶头",这一说引来了小湖北一阵惊诧,这个小小少年,已经青春萌发。"好的,青年式,一角一次",价钱翻了一倍,发型从马桶头改成了锅盖头,即头顶一片黑比例有所增加。剃完后,用一把骨制的密齿梳子,用劲在头皮上梳刮几下。

慎兴里弄堂口,过街楼下有过一家绍兴人开的老酒店,木板搭出一间带阁楼的店铺,阁楼上住人,楼下店铺,占居半条弄堂口,点一盏15支光的白炽灯,昏昏暗暗,好似一条绍兴水乡里的乌篷船。该店专卖零拷的绍兴黄酒,墙角放几个泥封的酒甏,开封时酒香四溢,弄堂里常弥漫着浓郁甘醇的酒糟香味。

紫金路靠金陵路两端的上街沿则是饮食摊,大饼、油条、粢饭糕、豆浆、汤团、小馄饨、上海滩上传统的早点,这里应有尽有。买大饼油条必排队,一根稻秸穿几根油条,一只锅子打两碗豆浆,锅盖反盖放几只大饼。如果豆浆里敲只鸡蛋,那是大户人家的所为,打豆浆时必会大声喊一声"敲只鸡蛋",再顾盼一下周围投来羡慕的眼光,鸡蛋的滋补应该在这一刻就起作用了。

家附近有一家百年老店回风楼清真馆,白墙绿窗,门前地面上铺着六角形的水泥砖,一块匾额"清真回风楼"注有回文小字,颇有民族风情。回风楼共三层楼面,二楼以上是点菜吃饭和涮火锅为主,一楼以吃点心为主。二楼以上难得上去,一般就去一楼,买个银丝卷,来碗咖喱牛肉汤面,还有火锅蘸料加麻饼。咖喱牛肉汤面,0.15/3两,我一般都是外卖,带个锅去,进店买筹,跑堂拿过筹码,接过锅子就会对灶头间喊:"哎么来哉,牛汤3两,来家生"(沪语意,外卖带家什)我即刻跟一句,"师傅,汤多点"。3两面一锅滚烫的汤,快步提回家,还是热气腾腾,姜黄色的咖喱浮上一层油,汤鲜面滑。现在想起,味蕾还是能感受到当时的鲜美。

其他路段的铺面房,分别为茂林竹木杂品用品仓库、皮革公司六联皮鞋厂、戏剧服饰厂、霓虹灯厂的灯管车间、针织品批发部的仓库,等等,真是螺蛳壳里做道场。太阳好的日子里,整条马路都晒着这几家单位的相关物品,就像农村的晒谷场。茂林仓库的竹编箩筐、竹扫把、檀木棍;戏剧服饰厂五颜六色的装饰片、装饰珠球;六联鞋厂的木鞋楦、皮张;还有针织品仓库的纸板箱和涂有柏油的防潮衬纸……到午餐时间,工人们进出食堂,满街熙熙攘攘。

因处于老城厢与租界交界处,在改革开放前,还有些老城与新界的痕迹。人民路以南的民居,以老城厢市井小巷形式排列,二层楼砖木结构黑瓦屋顶为主,当然几幢中西结合的经典大宅,像对面的南市牙防所的高楼大屋,在当时绝对称得上豪宅。人民路以北多以弄堂形式的红瓦屋顶石库门住宅为主,再如金陵东路的骑楼,掺入不少西洋和南洋的外来元素。我们家用的电,当年也是沿用租界时的110伏电压,要用220伏电器时需接个升压的变压器。

就跟已经消失的老城厢城墙一样,我关于紫金路以及周边生活的记忆,现在也基本已消失殆尽。但是,我还是希望,类似这样的平民生活记忆,能够随着城市的发展一起沉淀下来,毕竟,城市因为有历史和灵魂才显得隽永和伟大。

(题图来源:《解放日报》老照片)

本文发表于 2015 年 7 月 11 日

崇明旧照：
八一路上的工业旧梦 | 心　台

> 那时候,在这条并不算长的八一路上,云集了冰箱厂、开关厂、电吹风厂、洗衣机厂、仪表厂大大小小至少5家企业。

　　说起崇明,大多数上海人想到的是生态岛、经济差。很少有人知道,在上世纪80年代,崇明的工业发展在上海郊区名列三甲之内。直到现在,不少崇明人家中还在用崇明产的远东阿里斯顿冰箱、葵花牌电扇、万里牌电吹风,只是生产这些产品的企业早已不知去向。

　　我上小学的时候,我妈还在八一路上的星火家用电器总厂工作,而我同桌的妈妈,则在斜对面的万里电吹风厂上班。一下课,我们就从崇明实验小学出发,沿着八一路一起往妈妈的工厂走。走过北门路,就能看见远东阿里斯顿的厂房。

　　从名字上看就知道远东阿里斯顿是家有外国基因的公司,据说是从意大利默洛尼公司引进的冰箱生产线。那时候,买一台远东阿里斯顿冰箱的难度差不多相当于现在拍中一张上海车牌,因为冰箱需要凭票购买,而这个冰箱票实在紧俏,所以我们家一直没买成。当时流传着好多买冰箱的传言,不知真假。一个故事是说,有警察知法犯法,偷了冰箱票去卖,结果被开除公职;还有一个故事说,某副县长的老婆卖了自家的冰箱票,赚了700元,直接导致副县长的仕途终结。冰箱厂最鼎盛的时候,其影响力相当深远。当时冰箱厂和北京某知名高校有合作关系,有一年特批了两个保送名额给冰箱厂职工子弟,我的一位远方亲戚就这样上了那所知名高校,惹得我们这帮小孩子都恨不得鼓动父母进冰箱厂工作。

沿着八一路继续往北走,前面就是星火家用电器总厂和万里电吹风厂,再往北还有浪花洗衣机厂。除了家和学校,小时候我最熟悉的地方就是星火家用电器总厂。这是一家生产开关的企业,我现在依然记得厂里充满机油味的车床、咔哒咔哒运转的流水线和工人们不停拧螺丝的双手。被废弃的次品就成了我和同桌的玩具,我们拿着螺丝刀装模作样地上螺丝,年幼时练就的童子功使得我在家里奠定了换灯泡的地位。

那时候,在这条并不算长的八一路上,云集了冰箱厂、开关厂、电吹风厂、洗衣机厂、仪表厂大大小小至少5家企业。除此之外,当时崇明还有不少知名的电器品牌,比如崇明电器四厂生产的葵花牌吊扇、崇明电扇厂生产的荷花牌电扇、崇明农业机械厂生产的方方牌洗衣机等家用电器产品,这些产品多次被中央机械工业部评为优质产品,被上海市评为优质产品和名牌产品。

只是在上世纪90年代之后,这些企业竟盛极而衰,接二连三地倒闭了。90年代前几年,星火家用电器厂还参加上交会、在电视上打广告,后几年,产品开始滞销,车床和流水线也慢慢停了下来。我妈说,当时浙江等地出现了一批开关厂,他们生产的开关价格比崇明生产的要便宜很多,其零售价甚至低于星火厂开关的成本价。厂里研究后发现,崇明人还在老老实实用铜皮做原料,那些厂则选择用铁皮涂铜的方式来降低原材料价格。

曾经强盛的远东阿里斯顿也不行了。进入21世纪后,短短几年,冰箱厂破落、被拆。最后能查到的资料是,2002年原科龙电器董事局主席、资本狂人顾雏军收购了上菱电器和远东阿里斯顿全部冰箱生产线。很快,冰箱厂原址上建起了楼盘、超市和商场。其他的工厂也渐渐消失了。万里电吹风厂变身为饭店;方方洗衣机厂则变成了娱乐场所。

这些厂的倒闭可能各自有各自的原因。但是现在回想起来,崇明的这些工厂其实在市场上并不存在太大优势。在地理上,崇明当时只有轮渡,运输成本高于上海其他地区;在原料上,崇明并没有太多资源,所有的生产原料几乎全部依靠外部;在人力成本上,虽然可能比市区便宜,但是也比不过国内其他地区;在技术上,这些家用电器的技术含量并不算高,很容易被模仿被超越;在市场方面,虽然算是地处上海,但崇明本地市场太小,而在市区竞争也不占地理优势。与此同时,长三角、珠三角一带的家电企业却进入了星火燎原的发展态势。市场的选择使得崇明的工业化道路命运多舛。

星火家用电器厂关掉的时候,我妈刚好可以挤进提早退休的行列。同事们都来恭喜她,而这些同事只能下岗走人。从此之后,我妈经常用这个事情来教育我:"一定要好好学习,考出崇明。"我的学业,成了改变我家命运的唯一一个方法。

我的小学同桌,原本和我在一家中学读书,但很快被他妈妈送到上海市区读书,之后在上海工作成家。大学毕业后,我曾经和他在上海市区见过几次面,两个人扳着手指头一数,当时这些工厂的"二代们"几乎都离开了崇明。

如果说,上世纪80、90年代的这段历史证明了崇明不适合走从工业化到城镇化的发展之路,那么现在,崇明正在证明从生态发展走向现代化这条道路是否可行,目前来看,这条道路也并不算好走。我不希望看到,未来离开崇明仍然是我们这些崇明人改变命运的唯一途径。

本文发表于 2015 年 7 月 25 日

八埭头：
我的家族记忆起点 | 许云倩

【地标记忆】当年,我出生的时候,被父母从江浦路杨浦区妇婴保健院抱回福禄街的家中,迎接我的是三个叔叔和三个嬢嬢的欣喜笑脸。

八埭头,是杨浦区一个很有名的地名。当年平凉路上有两个亮点,一个是临青路附近的杨百(市百三店)和东宫(沪东工人文化宫)那一带;另一个就是八埭头了,在通北路至许昌路段,有新华书店、老大同、四季春点心店、沪东电影院、沪东医院等,还有就是著名的八埭头菜场。而我奶奶家、我的出生地,就在属八埭头范畴的福禄街。

八埭头·菜场

上海话里,"排"叫作"埭"。19 世纪末,既是地价低廉、又得黄浦江航运之便利的杨树浦,成为中外客商竞相投资办厂的热土。据 1897 年英文版《1896 年工部局年报》记载:"这些工厂约需雇员 12000 多人,不包括已经雇佣的 25000 工人在内,其数目几乎增长到接近当时实际人口的 3 倍。估计杨树浦的人口到明年(1897 年)将有极大的增长。"

于是,这里附近的房产业也开始起步。清光绪 34 年(1908 年),天主教会在韬朋路(今通北路)建造八埭(排)二层砖木结构的广式房子(每埭十四间),这就是"八埭头"得名之由来。整个涵盖的区域应当是在平凉路、通北路附近的景星路至许昌路段及周边地区。

这在当年也算是规模较大的里弄住宅，建有 225 个单元老广式房屋。但以现在的眼光看，房屋条件不算太好，弄堂狭小，通风和采光较差。住宅设备仅有水、电，无煤气和卫生设备，通常 3 至 4 户居民合住一个门户。而这些房子的主要居住者也确是社会中下阶层。

陈从周教授在《上海近代建筑史稿》中把"八埭头"的民居样式作为教材，写道："十九世纪末叶出现的一种比较简陋的单开间两层楼房屋，外形类似广东的旧式房屋，同时由于它较为矮小又被叫作东洋房子。起初集中在虹口、杨树浦一带。这种房屋开间小。进深浅，层高低，有的房屋连披屋也没有，前后密集，形似鸽笼，通风采光都很差，居住者大多为工人、小贩和低级职员。"

此后，这里又建造了的惟兴里、亚纳里等旧式里弄，也都是主要出租给附近的自来水厂、造船厂、纺织厂工人和一些码头工人居住。人丁兴旺之后，"八埭头"成了公共租界东区的商业街市。

与此同时，上世纪 20 年代"八埭头"区域内的工业也开始起步，正广和汽水厂、大业印刷厂和正泰橡胶厂等也在这里创下了他们的品牌，还有很多弄堂小厂。百货、茶楼、布店、戏院等等应运而生，完全可以满足这里居民职工的开门七件事。像是协泰祥绸布店、同保康中药店、沪东状元楼、四季春点心店、老大同南货店、万泰昌粮店……听着名字就让人觉得可靠放心。

这里还有一所创办于 1916 年著名的学校"聂中丞华童公学"（Nieh chih kuei public school for Chinese），是聂云台先生为纪念其父聂缉椝（曾国藩女婿，历官上海道台及江、浙、皖巡抚，位至中丞）献地 15 亩，由公共租界工部局批准创办的。1941 年改名为"上海市缉椝中学"，1951 年定名为"上海市市东中学"。

地处工厂集中的沪东，受到风起云涌的工人运动的影响，早在 1919 年，聂中丞华童公学的广大学生就投入了反帝反封建的"五四"爱国运动。举行罢课，上街演讲，宣传抵制日货。1925 年的"五卅"惨案发生后，聂中丞华童公学学生也参加了全市规模的大罢课和义演活动，前后近一个月，全校 90% 以上的学生参加了这场运动。

　　而我小时候印象最深的是八埭头菜场。这个菜场建于民国十五年（1926年），是由租界当局所建的新式菜场。即使到了解放以后，上海一般的菜场也十分简陋肮脏。可是八埭头菜场却是两层高的室内菜场，当年与三角地菜场、八仙桥菜场、福州路菜场齐名，号称上海滩菜场行业的四大名旦。

　　每天清晨6点开秤，买菜的人则更早就要去排队了。听到开秤铃声，排队的人神经高度紧张，怕有人插队，担心排到自己时心仪的排骨或是带鱼卖完了。郊区农民一般都在半夜送菜进城，我那在青浦的插队落户的表哥就曾干过这差事。他说这都是属于抢手活，也许是可以看看城里风景吧。农民送来的菜就堆在了菜场外面，有时这里也能看到半爿猪身。

　　菜场很大，以一个公共厕所为界，分成两个区块。奶奶要有人陪着才敢去这个大的菜场。平时她都在景星路菜场买菜。寒暑假我住奶奶家时常陪奶奶去八埭头菜场，毕竟那里货源比较充足。天还没亮，我们就出发了。然后根据要买的东西，我和奶奶分头排队。有时她在东区，我在西区，菜场太大，我常常担心会找不到奶奶。如果偶尔能买到些紧俏品，像蹄膀啊、活鱼什么的，那就要喜出望外了。回家的路上，奶奶总要慰劳我一下，在通北路那里给我买一个大饼，莫大的享受啊。可她从来都不吃一口。

　　可惜现在这四个菜场都消失了。直到现在，看见碧绿的青菜、闻到鱼腥味，我都会一阵兴奋，记忆的密码深埋于心底，在你不注意的时候，却会突然浮出水面，给你温柔的一击。

福禄街·沪东医院

　　这是一个多么吉祥的街名啊。福禄街在平凉路靠近通北路的地方，被一条平凉路分隔成南北两条，但又不是对得齐的十字路口，分别成了两条丁字路。我的出生地、我的奶奶家都在北边的这条福禄街上。当年街口就是一所医院，叫作"沪东医院"（现已改作社区卫生中心）。

　　犹记那年夏天的一个漫长的下午，我们突然被此起彼伏的救火车、救命车

（上海人对消防车、救护车的俗称）的警报声吓住了。我随着大人奔到了福禄街的街口，才知道黄浦江上有一条刚造好的船失火了，重伤员正送往附近各医院抢救，其中一部分就送到了沪东医院。站在福禄街上也能看到远处江边的烟火。

很多年以后，查阅资料才知道，那是 1970 年 8 月 31 日下午，上海船厂新造的"风雷号"万吨轮试航前夕，工人给油箱加油，因灌装燃料的工人擅离岗位，燃油从油箱溢出遇电焊火花引起火灾，造成了一场 75 人伤亡的特别重大的伤亡事故，其中死亡 15 人，重伤 60 人。市、区消防处出动消防车多达 50 辆。这在当时的上海，成为了特大号的新闻。直到近年来，一些出版社在出版《危险化学品重特大事故案例》之类的书时，仍把"风雷号"万吨轮加油溢出遇电焊火花火灾事故当作一个典型的案例。

沪东医院，那又是另外一个故事。据创办人后人回忆，是他们的外公盛才（原名盛清诚）创办的。盛才先生出生于浙江省武康县（现德清县）的穷人家庭，因不见容于后母，被去莫干山避暑的外国牧师带到了杭州，接受教育，兼做校工。从而改变自己的命运。1917 年他以优异成绩毕业于南京金陵大学医科，获医学博士学位。他来上海参加沪东公社工业医院工作后，看到这里工厂密布、贫民聚集，却无较好的医疗资源，于是于 1924 年 7 月 1 日经上海特别市卫生局批准，获得"医院开业执照"，创办了"沪东医院"。先是在眉州路，何时迁往平凉路不甚明确。

盛家后人回忆："1956 年改为公立，到 1979 年易名为杨浦区肿瘤防治院（后搬移到平凉路）。"但事实上，我们小时候（上世纪 70 年代初起）沪东医院一直就在福禄街和平凉路交界处。很清晰地记得，有一次堂妹突然昏厥，奶奶和我把她送进了福禄街的沪东医院。

在上海市区一些民众的眼里，杨浦区不是"穷街"，就是"两万户"。但福禄街上还真是有些好房子。有些民居属于花园洋房。福禄街 210 号，我们一直叫作"大业印刷厂"，但其实早在 1961 年已改名为上海市印刷二厂。厂对面就是一排欧式风格的洋房，应该是当年工厂的高级职员宿舍。记得大力动员知识青年上山下乡的年代,有一家子女不愿下乡,花园里每天驻扎着居委干部,敲锣打鼓通宵达旦,左邻右舍都不得安宁。

可是,厂隔壁216弄(我出生后的第一个住所,时称锦德坊)的房子以及我出生时的奶奶家,用陋室来形容就再恰当不过了。常听父亲回忆说,我还在襁褓中时,夜里每有大哭,他只好抱我去外面溜达。否则全弄堂的人都要被我吵醒。这间6平米的蜗居是因父母亲结婚房管所分配的。相距不到30米的奶奶家,当时也只有一间平房,搭了个阁楼才勉强安置下一家8口。与奶奶家相隔一个天井的二层洋房里住着奶奶的父亲,这种稀奇古怪的搭配,就牵扯出我的家族传奇。

上海一家人

当年,我出生的时候,被父母从江浦路杨浦区妇婴保健院抱回福禄街的家中,迎接我的是三个叔叔和三个嬢嬢的欣喜笑脸。那时期,家中的四条汉子三个姑娘连同他们的朋友和姊妹淘整天从前门进后门出的,把个搭着阁楼的平房闹得都要掀开房顶了。奶奶从早忙到晚,但她的心是踏实的。和同辈的妯娌小姑相比,她的儿子最多。长子(我父亲)又从复旦大学毕业,终于成家立业了。

说到前门和后门,福禄街的这一房屋结构在上海的民居中似乎不能归类。房屋的主体应该算是洋房,一长排看上去牢固结实的水泥结构的二层洋房,记得共有14个门牌号。每个门牌号里,楼下是个大厅,楼上是主卧,主卧后面是个小间,就点像石库门的后厢房。一二楼转角处有个亭子间。厨房和卫生间在底楼亭子间的正下方,有卫浴和煤气。不知是设计上的缺陷,还是建筑商偷工减料,房子落成时,其中的一套竟是没有浴缸的。这在当年的上海也算是有相当家底的人家才能入住的。当地俗称"外国弄堂"。

这幢房子是我奶奶的父亲我的太公建造的。但奶奶却没能住进去。每套房子的前面,有一个很大的天井。天井前面不知为何有一排平房,据母亲回忆应当是太公轮船公司的仓库,但听我嬢嬢说是给工匠干活和寄宿的,总之和后面的外国弄堂有天壤之别。奶奶一家就住在平房里。不过后面的天井特别大，因奶奶家在这排房子的顶头，对应了两套洋房的天井。我小时候，曾有一度，太公楼下的客厅被用来作为一家托儿所，奶奶家的天井就是孩子们的室外活动场地。在后面的洋房里只有一间亭子间是属于奶奶家的。

资本家的父亲，为什么给亲生女儿住在他洋房前面的小破屋里？那又是另一个冗长的故事了。在此略作简述。奶奶出生于现杨浦区隆昌路附近。自小因家境贫寒，虽是长女，刚出生就被送人。幸得养父母视如己出，一直养到她风光嫁人。待她亲生父亲找来时，生母早已病逝，而生父却奇迹般成了富人。那时上海滩多得是神话，他的发家故事只能算是一朵小浪花。据说他是从做银行的 boy 开始勤勉致富的。富到何种程度？除了那排洋房，还有 10 多条商船。因为父辈们并不太愿说他，我了解得并不太多。他从底层奋斗到上层的结果是妻妾成群，其中还有一对是姐妹，妻妾间争风吃醋的斗争已够他费心的，因而他对儿女基本上是冷漠寡情的。尤其是对奶奶这个被丢弃多年又找回来的长女。这也许可以解释奶奶一家为何住在那间平房里。

叔叔们对于"亲不亲，阶级分"这句话一直是深信不疑。他们从自己的切身体会中领悟到，他们之所以与自己的外祖父不亲反怨，就是因为他们分属于两个阶级。奶奶的出身一栏里，一直写的是"贫农"。这不仅是当时社会形势的需要，而是她真的是在感情上更怀念倾其所有给予她快乐童年的养父母。直到上世纪 70 年代初，在四叔的努力下，奶奶家所在的那一排平房翻修成了二层楼房，还接进了煤气管道，奶奶和她的邻居们的住宿条件才有所改善。

太太和太公

王安忆在《长恨歌》中，对于上海民居的后门，及后门背后的厨房，有着不厌其详的极尽细腻的表述。而我对于那套洋房后门的那间厨房的体验及回忆却全然不同。

一个 80 多岁的老太太，胖胖的，穿着一身玄色的衣服，通常坐在灶披间的阴湿的角落里,眼睛好象患了白内障还是别的眼病,看不大清楚。听见有人走过,就要问:是谁吧? 不怒自威。她的形象,多年来一直主宰着我对于弄堂后门的印象。她,就是与我没有任何血缘关系的大太太。

小时候,大太太是我最为惧怕的。我记忆中的她,简直跟黄世仁的妈长得一模一样。后来听说,我的大孃孃曾被她像丫头一样使唤,更加固了我记忆中她的这般形象。我有时怕被她发现,想蹑手蹑脚从她身边溜过,可总也逃不过她的耳朵。那时,他们的家境经过公私合营和"文革"冲击,已经是比较惨淡了。常听大人说,她连馊了的饭还不舍得丢,煮了再吃。于是,我心目中的她,就是个又吝啬又凶恶的老太太,和小说电影上的地主婆差不多可以划等号了。

我出生的时候,太公的妾们大都已风流云散,有的去了香港,有的去了海外。我只见过他的大房正妻和被叔辈们称作天津小老婆的小妾。大太太还活着时,小妾不曾来过福禄街。

她去世后,那个比我奶奶还小的天津太太就搬了进来,因大人从没让我叫过她,所以我可说是不曾同她有过接触,只记得她的嗓音是尖利的,那有些侉气的天津话在这上海的弄堂里颇为刺耳。太公去世后,她也不知流落去了何处。

"文革"中,太公的房产大多被没收了,只给他留了唯一没有浴缸的那套二楼正房。这真是颇具讽刺意味。父辈们都在猜测,他一定后悔当初没有好好监工。他是一个太要干净整洁的人了。坚持每天洗澡。没有浴缸给他带来多大的不便。他的养生和毅力在当时也是让我们为之侧目的。

据说,他每天早晨必喝一杯盐开水。我所看到的他,就是每天在楼梯上来回走路锻炼身体,雪白的头发,气色很好的一张脸上,一个高耸的十分西化的鼻子。大人都说他,有点像外国人。他的生活方式也相当西化。估计他是在洋行里学来的。他经历了从无产阶级到资产阶级,又从资产阶级到一无所有。但至少从外表看,并没有什么受到打击的痕迹。对于他,我虽受父辈的影响,没什么好感,但也没什么惧怕。现在想来,大概就是因为,人老了,给旁人一个健康清洁的印象是至关重要的。

关于他,印象最深的另一件事是四叔与他的一场谈判。是关于那间亭子间的。

也许最早，是因为奶奶家儿女太多，只有一间平房和一个阁楼，他发慈悲将亭子间借给了他们。心里还是觉得那是自己的。其实那间房子在经历了解放后的诸多运动以及"文革"之后，在房管所的登记上早就属于奶奶家的了。他当然不敢跟政府较劲，于是就同自己的外孙谈判，大概是说这间亭子间原先是他的，应该还给他。四叔一句话就把他堵了回去："这一整排房子原先都是你的，你怎么不去都要回来呀！"他被自己的外孙呛得无言以对。他的精明、他的传奇，在这大时代大背景下已一无用处了。

太公一直在此生活到 90 多岁，无疾而终。

焦晃和二叔

焦晃叔叔是我二叔的中学同学。在见到他之前，就听父母说起，"文革"前受邀看过他主演的话剧《战斗的青春》，他在剧中扮演一个叛徒汉奸的反面角色，演技极好。

二叔许家瑾，因英年早逝，我并无他的确切资料，但按照焦晃叔叔的毕业年份推算，他应当是 1955 年考上大学的，他上的是北京钢铁学院。但在我出生的时候，他只是杨浦区一家工厂的临时工。有这么大的生活落差，是因为反"右"年代，他出于同情、也是义气，和已被打成右派的同学仍然有密切交往，结果被勒令退学。听父亲说，他是在北海公园的五凤亭和右派同学游玩时被熟人看见而受到检举的。我每次去北京的北海公园，看见五凤亭总有无限的悲哀。

焦晃叔叔作为青年话剧团的优秀演员在"文革"也不免受到打击，他们两个同为天涯沦落人，经常在一起喝酒解忧。不知是否"借酒浇愁愁更愁"，我二叔在他 35 岁刚转成正式工时，患了肝癌。他在参加工厂献血之后，一直感到身体虚弱，以为是失血之故，再去细查，已是肝癌晚期。直到他去世，家人才知道是因为验血失误，医院把另一个健康的人误作癌症了。现在想来，叔叔一定是压抑多年才在这样的年龄郁郁得病的。

二叔养病时，焦晃叔叔一家都来看望他。二叔去世时是焦晃叔叔念的悼词，他以他浑厚的声音和真切的情感,让现场的亲朋好友潸然泪下。二叔去世后,焦叔叔还常来奶奶家。后来焦叔叔的处境有了改善,拍了一部电影《难忘的战斗》,演了一个著名的反角"刘副区长",全国闻名。他的相片挂到了八埭头那家照相馆里了,同一橱窗里还有朱逢博、任桂珍等知名人士。

本文发表于 2015 年 8 月 24 日

大韩民国临时政府的上海往事 秦 凌

　　例如,上海的法租界当局,虽然明面上和法国政府官方政策一致,但私下给予了临时政府相当的默许和庇护;甚至于,由于金奎植等人在巴黎和会期间忍辱负重的努力,法国下院部分议员和在野人士对韩国独立运动还有着一定的同情和支持。相比处在日本直接殖民统治下没有一片净土的韩国本土、远离斗争中心的美国夏威夷、处在干涉苏维埃的日军威胁下的俄远东地区以及地方军阀压制韩侨独立运动的中国东北地区,上海自然成为临时政府的不二首选之地。

在北京参加完大阅兵之后,韩国总统朴槿惠来到上海,其中一个重要行程是参加大韩民国临时政府旧址展馆更新启用仪式。朴槿惠此行背后蕴含深意,大韩民国临时政府在中国开展独立运动长达 27 年之久,其中有一半时间是在上海进行的,这段历史也成为中韩两国珍贵的共同财富。

1919 年 3 月至 4 月间,在韩国国内、中国上海和俄国远东地区先后成立了 6 个"韩国临时政府",其中主要的 3 个为:1919 年 4 月 23 日由韩国 13 道 24 名代表组成的国民大会在汉城宣布成立的韩国临时政府;1919 年 3 月 2 日,在俄国海参崴宣布成立的大韩国民议会政府;1919 年 4 月 11 日在中国上海成立的大韩民国临时政府。在 6 个临时政府中,只有上述 3 个是担负独立运动领导使命的政府,其余 3 个或为"影子"政府,或为"传单"政府,停留在宣传布告的层面。

后经三方协商,1919 年 7 月和 9 月,位于上海的大韩民国临时政府通过吸收海参崴的大韩国民议会政府,和改宪联合汉城韩国临时政府的方式完成了组织机构的统一。自此,统一的大韩民国临时政府在上海正式成立并开始活动,直到 1934 年搬迁中国内地。这一整合防能够团结凝聚爱国力量以一个声音对外发声,韩国独立运动也由此进入了有统一组织领导和完善纲领策略的全新阶段。

大韩民国临时政府之所以选择在上海成立和发展,是因为当时的上海作为国际化的远东大都市,有得天独厚的条件。上海交通便利,通讯手段和资讯十分发达,便于韩国独立运动联络国内外各方力量、争取国际舆论支持;另一方面,上海租界的"治外法权"也使得临时政府能够处于相对安全的状态,避免日本帝国主义直接的镇压干扰。

例如,上海的法租界当局,虽然明面上和法国政府官方政策一致,但私下给予了临时政府相当的默许和庇护;甚至于,由于金奎植等人在巴黎和会期间忍辱负重的努力,法国下院部分议员和在野人士对韩国独立运动还有着一定的同情和支持。相比处在日本直接殖民统治下没有一片净土的韩国本土、远离斗争中心的美国夏威夷、处在干涉苏维埃的日军威胁下的俄远东地区以及地方军阀压制韩侨独立运动的中国东北地区,上海自然成为临时政府的不二首选之地。临时政府重要成员赵婉九曾经撰文指出:"惟中国之上海,为东洋交通之要点,虽非十分安全,而比他处为胜。"

　　大韩民国临时政府在上海的各种活动已经有大量的论著和研究论文进行阐述和发挥,本文不再赘述。值得阐述的一点是,临时政府在上海期间,始终处在财政状况拮据困难、活动经费捉襟见肘的状态。

　　根据韩国国史编撰委员会编撰的《韩国独立运动史》引用李承晚演说,维持临时政府运转的最低费用每年约需两万金币。但实际中,作为一个没有稳定经济来源的流亡政府,维持机构运作的经费长期处于短缺状态。根据日本情报机关资料,当时临时政府勤务、书记、警护员共约 40 人,每月需要给料 10 美元,数额不算多但是通常也无法做到。临时政府内阁成员大多没有独立的谋生谋食之道,时常陷入生活窘境,甚至在冬天没有衣服御寒,饥一顿饱一顿。

　　即使是当时的负责人、被誉为韩国国父的金九先生,也没有固定住处,东一家西一家讨饭吃。在回忆录《白凡逸志》中他自嘲自己为"乞丐中的高级乞丐",而临时政府"这个没落的大家庭跟乞丐窟毫无二致"。临时政府甚至因为缴纳不起每月 30 元的房租被房东诉至公堂。在成立的第三年,财务总长已经欠下 4000 元的债务——作为参照,史料记载当时在电车公司当售票员的韩侨每天收入 3 角,可知 4000 元实在是一笔巨款;从另外一个侧面看,当时在上海的韩侨人数不多(1919 年 688 人,1930 年 937 人),且大多经济收入不高,很多时候即使爱国也有心无力,难以给予临时政府更多的经济支援。

　　临时政府曾经采用联通制向韩国本土同胞收取人口税、发行"大韩民国元年独立公债"向海外韩侨尤其是美国韩侨收取援金(又称"愿纳金",即捐款)等方法来解决财政危机,但联通制的组织机构后被日本朝鲜总督疯狂镇压破坏殆尽,愿意购买公债的韩侨资金不足,内部人士之间又因政见不同心生罅隙,最终都没有获得预期的效果。

　　1925 年 3 月,李承晚以妨碍国家财政收入罪被临时政府议政院罢免,来自美洲的捐献基本完全断绝;屋漏偏逢连夜雨,1922 年开始金九等人通过"劳兵会"募集的资金也因为存款银行上海日夜银行在 1931 年倒闭完全化为乌有。

　　正是在这样艰难困苦的环境下,以金九先生为代表的韩国仁人志士以"苟利国家生死以,岂因祸福避趋之"的大无畏精神以身许国,和中国人民一道反抗日本帝国主义的侵略和压迫,而中国政府和中国人民也给予了临时政府极大的支持。

　　从中国角度来看,自孙中山先生以降,廖仲恺、胡汉民、于右任、蒋介石、宋美龄、陈果夫、陈立夫、朱家骅等都曾从精神和物质上给予了在华韩国独立运动人士同情和支持,唐绍仪、张季鸾、胡霖、唐继尧、杜月笙等知名人士也都出钱出力支持过韩国独立运动,曾在沪与日寇血战的十九路军也曾经给予韩国志士以经济支持,中韩民间互助组织如"中韩互助社"、"中韩协会"等也发挥了巨大的作用。

　　值得一提的是,中国共产党也与韩国临时政府和独立运动有着紧密的关联。1927 年 3 月 17 日,长沙中韩互助社成立,中方人士有毛泽东和何叔衡,并分别担任通讯部主任和宣传部主任。对于临时政府策划的上海虹口公园尹奉吉烈士向日本侵略者首脑投弹的壮举,中华苏维埃中央政府机关报《红色中华》以《上海日要人全体受伤》为题加以报道,字里行间充满了对这一英雄壮举的同情和赞美。

　　1936 年,中共重要报刊《救国时报》全文转载临时政府为纪念尹奉吉烈士遇难日而发布的《泣告中国同志书》,并在编者按中指出:"我们正应扩大抗日救国统一战线,联合韩国等同仇敌忾的兄弟民族,作最诚恳、最亲密的携手,联合一致,向共同敌人之日寇进攻。"《新华日报》也以大量篇幅报道了临时政府的活动,共约 30 篇,间接报道和文章多达数百篇。《解放日报》更重点报道了 1941 年 10 月在革命圣地延安举行的东方各民族反法西斯大会,时任临时政府主席的金九先生和罗斯福、斯大林、邱吉尔、蒋介石、毛泽东、宋庆龄等 30 余位世界反法西斯领袖人物被共同推举为大会名誉主席团成员,金九先生的画像还曾在延安和各抗日敌后根据地的朝鲜革命团体中,与毛泽东画像并列悬挂。1942 年 11 月 11 日和 1943 年 3 月 1 日的《解放日报》上,还分别发表过周恩来副主席和八路军朱德总司令的谈话和文章,对临时政府内部和独立运动各党派的团结问题提出殷切的期望和中肯的建议。

　　1945 年 11 月,当韩国临时政府成员行将回国之际,中共领导人周恩来和董必武以八路军驻重庆办事处的名义设宴欢送,金九、金若山、洪震和临时政府各部部长全体到场,宾主殷殷话别,在两国友好关系史上留下了一段美好的佳话。

　　　　　　　　　　　　　　　　　　　　　　　　　(图片来源:CTP)

　　　　　　　　　　　　　　　　　　　　　本文发表于 2015 年 9 月 7 日

海上杂谈：

上海人中谁是"本地人" 小 岛

从学术的角度看，要被列入本地人的行列，必须和上海县有关，无论如何，崇明人和大部分郊县人一样，都不能算本地人。

作为一个户口本出生地和籍贯都写着"上海"的崇明人，我经常陷入对自己身份的不确定中。

最近，一位北方的朋友对我说："上海真的是个奇妙的地方，外地人肯定不是上海人，本地人居然也不是上海人，那么到底谁才是上海人？"这让我想起我刚在上海市区工作的时候，一位50多岁上海同事告诉我，其实我是一个本地人，因为我的籍贯是上海。这是我第一次听到本地人这个说法，一下子从乡下人变成本地人，顿觉受宠若惊。本地人是谁？我真的是本地人吗？我决定寻找一下答案。

首先，我请教了学术圈的专家。上海地方史专家薛理勇告诉我，本地人就是上海的土著，也就是清末民初时祖籍上海县的人。上海县的地理位置包括现在的闵行区和浦东沿江一带，比如浦江镇、三林塘、周浦、闵行等。所有不在上海县域内的人都不能算本地人，因此无论是崇明人还是南汇人、松江人，肯定不能算本地人。

著名的沪语专家钱乃荣也认同"本地人来自上海县"这一说法，但是从语言发展的角度来探究，这里的上海县是指元朝时成立的上海县，当时由松江府华亭县东北部划出的8个乡被称为上海县，这个区域包括现在的上海市区，也包括大场、封浜、真如、梅陇、浦东等地。为什么这么肯定本地人得从元朝算起呢？钱乃荣解释说，本地人的一大特点就是说本地话，而本地话是从元朝开始形成的，上海设立租界后,租界内在本地话的基础上形成了现在的上海话,两者一脉相承,音位没有变化,只是上海话有 5 个声调,但本地话有 7 个声调。

尽管两位专家认定的上海县略有差别,但总的来说,从学术的角度看,要被列入本地人的行列,必须和上海县有关,无论如何,崇明人和大部分郊县人一样,都不能算本地人。

不过,随着时间的流逝和行政区域的变动,本地人有了新的含义。在网上,有网友总结的"上海本地人"定义,一种流传甚广的说法是,本地人分为广义和狭义两种,具体还可以分成四种。第一种,上海县土著。第二种,马桥古文明土著居民。他们属侗台系的古百越民族后裔,以奉贤马桥为典型,分布在上海市南部郊县地区。第三种是松江府人,松江府地区,包括松江,青浦,奉贤,南汇,金山,浦东,闵行,上海市区。

第四种广义的定义则是将本地人认定为所有上海郊区县居民。根据这个定义,随着上世纪 90 年代以来上海的撤县建区狂潮,以及上海城区的扩张,"上海本地人"已经扩大到所有上海郊区县人。如果这种解释是正确的,那么崇明人又可以被算做本地人了。

有意思的是,人类和遗传学专家认定的上海本地人概念更趋向于所有上海郊区人。2003 年 4 月,中央民族大学学报上刊登了一篇名为《上海本地人源流主成分分析》的文章,提到由复旦大学现代人类学研究中心、复旦大学历史地理研究中心等专家参与的研究中,上海本地人的研究样本来自于上海市郊 9 个区县 13 个乡镇的本地人群。

但是,不管使用何种归纳方式,唯一可以肯定的是,"本地人"和"上海人"不是一类人,在网上,有网友还专门撰写了《我是上海人,不是上海本地人》的文章以解释两者之间的差异。笔者认真比对了各种鉴别方法,发现最简单明了的一个方法是,上海人说上海话,狭义的本地人说本地话,广义的本地人说本地话或是各种郊区话,总之就是不说上海话。

其实本地人也说上海话。作为广义的本地人,我在市区遇到崇明老乡时,大多数时候即使我用崇明话开了个头,另一个人也会下意识地用流利的上海话来接我的话茬。春节回家团聚时，从市区回崇明的年轻人即使刚刚和父母用崇明话交谈完毕，转头遇上同在市区工作的年轻人，彼此之间也会心照不宣使用上海话或普通话交流。每次看到这样的画面，我的脑海中就会浮现宫崎骏的动画片《百变狸猫》的故事，一群在树林里生活的狸猫，由于人类的造屋计划而失去了家园。为了能够在新的环境中生存，他们不得不变身为人类在城市生活。

狭义的本地人境遇也好不到哪里去。我身边的狭义本地人都拥有了一口漂亮的上海话。据说，现在松江、嘉定、宝山城区内的语言中已经充满了大量的上海话。上海话一直被呼吁保护，但是本地话的式微却很少有人提到。强势语言代表着强势的地位。有网友举了个例子，在上大学时，他浦东的同学一般都要强调一下："我是宁波人或者我是苏州人"，意思是"我不是浦东本地人"。虽然是土生土长的本地人，但是却长期受到歧视，甚至刻意隐瞒着自己的身份。这种本地人也不过是乡下人的另一种说法吧。

追根溯源，这种社会的分层基本源于上海的城市化，首先搭上这列快车的是说上海话的人，看着窗外推着独轮车陷在泥地里的本地人，总是要忍不住要展示一下刚买的旗袍和西服。如今，越来越多的人搭上了这列快车，车上有喝咖啡的，也有吃大蒜的，本地人也洗洗脚上车了，车厢内人口膨胀、地皮紧张，车上开始争起了新的排名座次。

不过我也在想另一种可能性，在未来，或许上海人之间不再以市区、郊区区分，取而代之的可能是：内环人、中环人、外环人、外环外人……

本文发表于 2015 年 9 月 15 日

64年前逼死老婆的男人们 | 依 时

　　与今日上海女性闻名于世的高地位不同,在刚刚解放的上海,城中女性的地位普遍低微,是被侮辱与损害的一方。她们与月历牌和荧幕上深入人心的美丽、洋气的海派女性形象一起,构成了当时上海妇女真正的生活状态。

1951 年 11 月 20 日下午 2 点,福州路的天蟾舞台,座无虚席。

这不是寻常演出开始的时间。但此刻,除了偶然的轻嗽和衣服的悉索声,四千余名观众都在等待着舞台灯光亮起。在这"远东第一大剧场"里,这个下午要登台的,是比剧目更令人痛心疾首的事实。上海市人民法院借天蟾舞台特别设立"处理虐杀妇女案件临时宣判庭",要在此公开判决四件虐杀妇女案。

来自市妇联、总工会、工商联等群众团体的代表,黑压压坐满了整个剧场,他们代表着新时代的正义,来见证这旧时代的悲剧。此刻,距离上海解放刚刚过去 2 年,旧社会与旧秩序残存在这个城市的痕迹依然鲜明。在富裕的阶层中,多房妻妾的情景依然常见,在底层的普通人家,童养媳的生活状态依旧堪忧。与今日上海女性闻名于世的高地位不同,在刚刚解放的上海,城中女性的地位普遍低微,是被侮辱与损害的一方。她们与月历牌和荧幕上深入人心的美丽、洋气的海派女性形象一起,构成了当时上海妇女真正的生活状态。

1951 年,上海市人民法院一年就处理了一万三千三百四十九个婚姻案件。上海市人民法院刑庭庭长田任平称之为"上海从旧社会遗留下来的半封建、半殖民地的婚姻关系相当严重。"

这一个下午,天蟾舞台上,朴素的审判台上,审判员陈家鑫、陈渭荪、高炀依次就位。他们负责要宣判四个虐杀妇女的案件。二位法警一组,依次将嫌犯押上舞台,被告人将接受法律的判决和观众眼神的判决。

最先被法警押解上台的,是一对母子——王林小妹、王金发。台上的他们气焰全无,萎缩地低头。但在 2 年前,他们还是安远路乾兴坊里弄里,人们闻风退避的"雌老虎"和"小土匪"。他们的罪名,是"逼死童养媳陈金莲"。

在旧社会,抱养"童养媳"的做法并不罕见。对于家贫而难以支付聘礼的人家来说,将更为贫穷人家的女孩,或者直接将灾民的女儿、甚至弃婴带回家抚养。这样,待到女孩成年之际,婆家可以无须支付聘礼或操办婚事,就能让自家儿子"圆房"。在这种不平等的婚姻关系中,女孩从经济收入到人身关系都不得不依附于婆家,其地位低贱,甚至不及婢女,婆母可以任意打骂、驱使奴役。

住在乾兴坊的王氏母子,本身就是处于社会底层的蔬菜摊贩,平时即强横霸道。孤女陈金莲自 9 岁起即到王家做童养媳,十年来遭林小妹母子长期虐待。不仅要操作一切家务,而且每天从早到晚,得不到片刻休息。解放后,陈金莲稍得喘息,1950 年 3 月,陈金莲参加里弄里的学习组织,觉悟提高,并参加识字班,但婆婆林小妹百般拦阻,最后竟断绝陈金莲的饮食,迫使其停学。平时,林小妹又诬陈金莲偷东西,甚至在菜场当众解开陈金莲的裤带,搜索有否私藏金钱。1950 年 8 月 25 日,林小妹借故痛殴陈金莲,第二天上午,因陈金莲回家取账册,来去稍慢,林小妹肆口谩骂,王金发在旁也骂了一遍,并向他母亲说:"你不要和这小货讲了,今天给她饭吃,明天叫她滚蛋!"陈金莲惨遭虐待,感到举目无亲,毫无出路,返家自缢身死。

这一场在旧时代或许会被糊弄过去的家庭悲剧,在新时代遇到的是严明的审判。审讯中,被告等承认上述犯罪事实,并经里弄居民菜场摊贩所一致证明:"被告林小妹充满着封建压迫的恶习,对童养媳当牛马看待加以压迫凌辱。"林小妹判处无期徒刑。被告王金发因为随同其母助纣为虐,漠视妇女利益,亦为被害人自杀原因之一,判处徒刑五年。

在第二起"朱佐朝、朱徐氏虐待妇女秦雪珍致死案"中,惨死的也是一名生活在城市底层的童养媳。秦雪珍 14 岁时到朱家做童养媳,丈夫朱佐朝是一名青年团员,在中国纺织机器制造厂任绘图员。一九四六年十二月,成年的秦雪珍和朱佐朝结婚,因秦娘家比较贫苦,妆奁不多,引起朱家不满,朱佐朝在新婚之夜就辱骂她:"这种女人,拾拾很多"。朱佐朝在厂内隐瞒已婚的事实,并另结识女友,经秦雪珍发觉后,朱佐朝不知悔改,反而怀恨在心,最后逼致秦雪珍上吊自杀。审讯中被告等承认以上事实。朱佐朝处徒刑十五年,一直辱骂儿媳的朱母朱徐氏处徒刑五年。

第三个过堂的案件,是"妇女竺素娟忍受不了张爱卿、江圣母子的精神虐待和辱骂被迫自杀案"。被告人江圣与竺素娟于 1950 年 11 月间结婚,婚后江圣生活腐化,常到外面浪荡到深夜才回家。竺素娟曾屡次善言规劝,江圣反而骂她多管事;加之婆母张爱卿平日冷言冷语骂她不会管丈夫,加深竺素娟的精神痛苦,致使竺素娟非常抑郁气愤,曾两度企图自杀。1951 年六月,因生火暖熨斗小事,婆母张爱卿辱骂她为"败家精",竺素娟一气之下暗自服毒自杀,待发现后送医院救治已迟。江圣处徒刑三年,张爱卿处徒刑一年。

第四起"房德胜杀害妇女张秀英案"虽然与"童养媳"无关,但听起来更为血腥可怖。被告人房德胜在上海无固定职业,张秀英早年离原籍来上海,为生活所迫沦为私娼,1951 年 5 月与房德胜结识并姘居。10 月间,房德胜向张秀英追询另一狎客姓名并勒索款项,张秀英不愿意参与"仙人跳",并表示要离开房德胜。房德胜因而将张秀英先行窒息,然后拦腰砍为两段。不出意料的,被告房德胜被判处死刑。

在万余件涉及婚姻的案件中,挑选出这四起案件公审,极具代表性。当时,随着新婚姻法的公布,1951 年下半年,全国开展了配合宣传贯彻新婚姻法,结合反对封建主义思想及其旧婚姻制度遗毒的群众运动。当年 9 月 26 日中央人民政府政务院发布"关于检查婚姻法执行情况的指示"中,明确指出:"婚姻法的执行,是一件艰巨的社会改革工作,必需经过经常的有系统的思想斗争和法律斗争才能贯澈。"

这不是一次简单的普法行为。传统中,地方官员对涉及婆媳关系的案件,难免会以清官难断家务事为由简单处理。但根据政务院的指示,地方官员必须是保护妇女权益的第一责任人,其对此事的认识程度要与"乌纱帽"挂钩。政务院指出:"对于这种已经发生的伤害、虐杀妇女或逼致妇女自杀的案件,应即进行检查……今后如有妇女因婚姻问题得不到婚姻法所赋予的权利与保护而被杀或自杀者,区、乡(村)街级的主要干部,首先应负一定责任。"

对于曾五方杂处的上海来说,生活在其中的人们,长久以来既能接受先锋的思想也向来包容封建的习俗,对于他人的生活,更有着明哲保身的隔岸观火态度。这一次公审,无异于一次宣告,即一旦涉及到人身伤害,婆婆打媳妇就不是"人家的家事",而是触犯法律的事。在没有微信微博甚至连报刊都数量有限的年代,这一场声势浩大的公审,令普通民众知晓政府的态度和律令的严明。

如今,我们依旧可以看到报刊上留下的当时听众的意见:普陀区王玉珍和江宁区沈静梅都表示要在里弄中进一步加强宣传婚姻法,提高妇女的觉悟,鼓舞妇女姊妹起来,在人民政府的领导下,不应向封建婚姻制度屈服或消极自杀,而应作坚决的斗争。到会旁听的群众吴和清、李裕连等都说:"在婚姻法保障下,妇女是完全能够粉碎封建婚姻制度的,妇女这种斗争是必然胜利的。今天的公审就说明了妇女婚姻自由权利已获得了真正的保证,几千年来野蛮的封建婚姻制度已成了非法,将被彻底粉碎。我们要感谢毛主席和共产党。"

(图片来源:《解放日报》老照片)

本文发表于 2015 年 9 月 29 日

上海人的大闸蟹情结始于何时 | 秦　凌

"大闸蟹"这个名字又是怎么来的呢？按照包天笑先生的考证,当时的捕蟹者在港湾间,必设一闸,以竹编成,夜来隔闸,置一灯火,蟹见火光,即爬上竹闸,即在闸上一一捕之,甚为便捷——这里的竹闸就是竹簖,竹簖上捕捉到的蟹被称为闸蟹,个头大的就被称为大闸蟹。

秋风起,蟹脚痒,秋天正是霜降蟹肥的大好时节。

中国人食蟹,早在《周礼》中就有记载,《周礼》中的"蟹胥",据说就是一种青州(今山东)出产的螃蟹酱,有人据此认为我们祖先食蟹的历史至少有 2000 多年。其实,如果跳出文献范围察看考古发掘资料,中国人食蟹的历史更长,比如考古人员在发掘上海青浦的崧泽文化层、浙江余杭的良渚文化层时发现,在吴越先民的食用废弃物中,就有大量的河蟹蟹壳,这样看食蟹的历史就有 5000 多年了。

如果将崧泽文化的先人也算作"上海人",那么上海人吃蟹的历史可以说几乎和中国人吃蟹的历史一样悠久绵长。其实,吃蟹并非江南特有食俗,比如天津胜芳镇出产的螃蟹,就是籍由正阳楼等百年老店,为北京等地的人们众口同嗜。但江南食蟹风气之盛,也是其他地区莫可比拟的。

在中国文学史上,《楚辞》、《世说新语》和李白、苏轼的诗句都记载了江南食蟹的风气,宋代的《蟹谱》记载五代时期吴越国的钱王专门设置了蟹户捕蟹,已经形成官方制度。南宋陆游有诗句曰:"况当霜后得团脐"、"蟹肥暂擘馋涎堕,酒绿初倾老眼明";明代徐渭(徐文长)的两首《题画蟹》诗更是写得快意酣畅:"稻熟江村蟹正肥,双螯如戟挺青泥。若教纸上翻身看,应见团团董卓脐"、"谁将画蟹托题诗,正是秋深稻熟时。饱却黄云归穴去,付君甲胄欲何为"。

明末清初的张岱在《陶庵梦忆》中写的更仔细:"食品不加盐醋而五味全者,为蚶,为河蟹。河蟹至十月与稻梁俱肥,壳如盘大,中坟起,而紫螯巨如拳,小脚肉出,油油如蝤蛑。掀其壳,膏腻堆积,如玉脂珀屑,团结不散,甘腴虽八珍不及。一到十月,余与友人兄弟立蟹会,期于午后至,煮蟹食之,人六只,恐冷腥,迭番煮之"。

徐、张都是绍兴人,可见绍兴作为江南名邑,食蟹风尚历经数朝而日盛,也无怪乎祖籍绍兴的鲁迅先生,用来比喻敢为天下先的开拓者,不假思索就用了"第一个吃螃蟹的人"。

绍兴以外,浙江的杭州、宁波、嘉兴等地,江苏的苏州、无锡、常熟、常州乃至高邮、盐城、徐州,都有着特别的食蟹风气和各自的名产螃蟹,上海地处河湖纵横之区,自身就有食蟹习俗,作为移民城市又汇聚了各地的食蟹习惯,形成了独有的食蟹文化。

当时上海的蟹号称出于吴淞者不腥,而以周浦横沥出产的为最佳。"大闸蟹"这个名字又是怎么来的呢?按照包天笑先生的考证,当时的捕蟹者在港湾间,必设一闸,以竹编成,夜来隔闸,置一灯火,蟹见火光,即爬上竹闸,即在闸上一一捕之,甚为便捷——这里的竹闸就是竹箥,竹箥上捕捉到的蟹被称为闸蟹,个头大的就被称为大闸蟹。

近几年每年中秋节前后,网上都会疯传一张"1945 年的上海贫困家庭,靠吃阳澄湖大闸蟹勉强度日"的照片。经调查考证,这其实是一个误读。这张老照片据说出自美国摄影师沃特·阿鲁法特(Walter Arrufat)之手。二战期间他服役于美国海军,跟随驱逐舰联络船在上海生活期间,用镜头捕捉到不少生动的普通人面孔,并将全部 96 张黑白照片汇成影集《上海 1945》(Shanghai in 1945)。影集中的第八张照片记录的正是这个吃螃蟹的小男孩,而在拍摄者最初的图说中只有简简单单的"Eating Crab"这两个单词,并没有对图片中的场景和小男孩的身份加以描述,更没有提及"穷人靠吃阳澄湖大闸蟹度日"。

其实在清朝和民国时代的上海,大闸蟹绝非贱物。太平天国极盛时期,在上海最好的大闸蟹卖到 5 钱银子一只,买办人家的一次蟹宴,单单蟹就要花费 15 两银子,论单个蟹价,比《红楼梦》中贾府蟹宴的蟹价贵了 10 倍不止。

到了使用银元的民国时代,大闸蟹还是高于鲜鱼价格。1932 年 10 月鲁迅在日记中记述了 3 次:"三弟及蕴如携婴儿来,留之晚餐并食蟹。"鲁迅还专门让许广平选购一些大闸蟹,分别送给日本朋友如镰田诚一和内山完造。而电影《一江春水向东流》中负心薄幸的张忠良与王丽珍结合后,那场吃空运来大闸蟹的电影桥段,也是用来表现张如何在骄奢淫逸的生活中一步步沉沦的。可见大闸蟹也不是当时穷苦百姓的日常。

有意思的是,当时上海大闸蟹主要的销售渠道竟然是水果店铺,据地方志记载,民国时期的水果铺主要经销鲜果和地货两大类,在淡季和时令期兼营糖炒栗子、白糖梅子、熟老菱、水仙花和大闸蟹。

老底子的上海人吃大闸蟹讲究的是缓慢精致的享受,京城老饕、出身襄平赵家的赵珩先生转述过一个笑话,京浦路刚通车的时候,从上海坐沪宁线到南京,再坐轮渡至浦口转京浦路到北京,大约需要 40 多个小时,有个上海人从上海上车开始就着花雕酒剥大闸蟹,剥一只蟹腿,抿一口花雕,居然车到北京前门火车站,只是吃掉两只蟹螯和八只蟹腿,连螃蟹盖子还没有打开。上海民间也有这个轶事,不过稍微好一点,讲的是 20 多个钟头的火车吃了一只大闸蟹。

讲究的上海人家吃蟹时候还要使用"蟹八件",包括锤、镦、钳、匙、叉、铲、刮、针在内的剥蟹工具,后来还增加了四件,共有十二件。不过,上海人中也大有从不用蟹八件,只凭手和口快速、干净地剥大闸蟹的民间高手,她可能是前楼的某家姆妈,也可能是后弄堂的某家爷叔。

清代的李渔号称"以蟹为命",将买蟹的钱戏称为"买命钱",他认为唯一的吃法就是清蒸后剥而食之,对蟹羹、面拖蟹等等统统不屑一顾。最好的螃蟹不清蒸确实有点暴殄天物,但是稍小一点的蟹,面拖食之也是适口之珍,而蟹黄、蟹粉入看做点心在上海的接受度也很高。吃蟹本就没有什么清规戒律,好吃就好,开心就好,不是吗?

建国后的很长一段时间,大闸蟹还是出口创汇的重要物产,那时候吃到最好的大闸蟹,可能要在香港才有机会。不过随着养殖等事业的繁荣,大闸蟹虽然一直是高档食品,但毕竟和刀鱼、野生大黄鱼等种群数量有限的珍馐不同,也可算是进入寻常百姓家了。家母前几年还经常回忆当年在大丰干校从晚餐时分吃大闸蟹到半夜的豪举,这两年兴趣也不是太热切。

话说有一次林志玲在上海拍摄广告收工后,来到市区的一家本帮菜餐厅,发现刚上市的大闸蟹非常诱人,便点了几只从容吃了三个小时。待到走出店门时已是凌晨,一身白色长裙黑色披肩的志玲姐姐飘逸美丽,美食美人美景,让午夜的上海更加魅惑而动人。

本文发表于 2015 年 10 月 14 日

沪版"猪笼城寨"里的真实人生 | 龚汉岚 孔亮 来源:新华社 制图:孙欣悦

【地标记忆】据说这座建筑出自英国人之手,建于上世纪二三十年代,最早是公共租界巡捕房的一部分,解放后,成了杨浦公安分局职工的宿舍,现在的隆昌公寓里,什么人都有。"有钱人、年轻人都搬走了,留在这里的大多数是搬不走的,还有外来打工的人租房的。"

日前,有沪版"猪笼城寨"之称的隆昌公寓完成大修,环境有所改善。隆昌公寓的出名,是因为它的造型像极了周星驰的电影《功夫》里包租婆的地盘,而里弄里的生活又让人浮想起旧上海七十二家房客的生活,惹得不少文艺青年像捡到了宝贝一样纷纷前来朝圣。

然而这外人看来如文物般的宝贝,住在宝贝里的人,却是另一番想法。如同鲁迅笔下的鲁镇,路过的文豪心动不已,那是因为他没有听到住户九斤老太的话。

在杨浦区隆昌路上的一排商户中间,有一扇不起眼的小门。就在这个小门里面,藏着一片宽敞的大院子与 250 户鸽笼般的老公房。这些老公房五层高,以大院为圆心,一户挨着一户地围满了整个大院。

据说这座建筑出自英国人之手,建于上世纪二三十年代,最早是公共租界巡捕房的一部分,解放后,成了杨浦公安分局职工的宿舍,现在的隆昌公寓里,什么人都有。"有钱人、年轻人都搬走了,留在这里的大多数是搬不走的,还有外来打工的人租房的。"

从院子往上看,有坐井观天之感,四周的房子围得严实,衣被从楼道的各个角落里伸出来,与院子里晾晒的衣被一起组成壮观的景象。拾级而上,每层楼房只有一条长长的公用楼道,如同一个环形跑道,如果房子离楼梯远,进家门就必须路过很多户邻居。

也许是住得太贴近了,这里的邻里关系十分热络。院子里、过道里都有小据点聊天,不愿参与者则在自家门前的过道里悠悠地望着。在晚上八九点之前,这里的人绝不会寂寞,只要打开门窗便是人气。"好的话就是聊天,互相照应,那真叫一呼百应! 不好的嘛,就是常会有人吵架。住了那么多年,总归有些邻里关系复杂的人。"居民钱阿伯告诉记者。

由于"被出名",这里的居民一听记者,便知来意。谈到出名的原因,许多人却不明就里。对《功夫》的拍摄地说法,居民更是一头雾水。出名的原因,这里的居民猜测:"可能是因为拍过《我的美丽人生》吧? 听说有人报道过这里,报道后是不是会改善我们的生活呢?"

"宁愿蜗居，不想回家"

在隆昌公寓的老居民大多数剩下的就是老人，出没的年轻人除了还未结婚的小孩，就是外地来沪打工的人。选择在这里蜗居是一种无奈。

住在一楼的王小姐与丈夫都是80后，是从安徽宣城来沪打工人员。"这是我们能找到的最便宜的房子了。"王小姐的丈夫边蹲在地上修洗衣机边感叹。"两年前租这个房子的时候只要400块，现在都涨到800块了，条件的话，你可以自己看看。"

记者走进这间19平方米左右的房子，一房一厅都很迷你，楼上还有个阁楼。"阁楼就是睡觉的地方，站也站不起来。"当初搬进来的时候，除了阁楼上的床以外，什么都没有。"添置家具就花了几千块。"

最不方便的就是没有厨房与卫生间。厨房在外面的公用地上，卫生间只能到每层的公共厕所去上，洗澡根本不可能，所以许多居民自己花钱在过道上扩建了一个厨房与卫生间，但对于像王小姐这样的租户来说，根本不可能自己再花钱在外面搭卫生间，"我们只能到邻居家借洗澡了。"王小姐的邻居告诉记者："卫生间是用来洗澡的，上厕所不好在这里上的，排到自家门口很臭的，我们都是用痰盂，倒到公共厕所去。"记者注意到，公共厕所旁边都紧挨着人家，好在打扫得较为干净，每层还有两个楼长管事，气味不算太大。

这样的条件下，租金一路涨到800元，夫妻俩就开始寻思着换房子。"这里的中介都认识我了，我天天跑，但是不知道为什么现在找不到房子。800元是最便宜的了，像我们隔壁的那些人家，面积差不多，条件稍微好一些的，就要一千出头了。"

在这样艰苦的条件下，王小姐还是不愿意回老家。"出来过的人与老家的人已经聊不来了。"

"这里才是根"

李阿姨与老伴钱老伯是这里的老住户。她的房间乍一看有17平方米左右，但钱老伯执意纠正说只有9平方米，因为房间的"客厅"原来是灶间，不能算做建筑面积。

由于人口多,夫妻俩像这里的所有居民一样,对房子进行了扩建与改建。伸到过道上的"浴室"和"灶间"是花了一万多元搭出来的,里面的灶间则改成了客厅。

"最大的不好是没窗户,"李阿姨告诉《申》报记者,由于墙壁另一侧是公共女厕所,她的这间屋是没有窗的,采光基本就靠敞开大门,而且还不能"感受"到气味。但除了这些,李阿姨与老伴还是觉得,这里的"结构还是很好的","我住这儿一辈子了,舍不得搬!"

这一辈子花了李阿姨68年时光,李阿姨出生时就住在这里,是她做巡捕的父亲所分得的。出嫁后,她曾随钱老伯搬到定海路的爱国二村住过一段时间,但1985年父亲去世后,为了照顾老母亲方便,就又和老伴搬回了这里。

李阿姨和钱老伯都是中学老师,曾经的经济条件并不算差,但提到买房子,钱老伯总是很遗憾,"我们这一代人没有经营头脑。老早以前攒了5000元钱想买套房子,可是市价要5100元,我们就是老观念,不愿意过欠钱的日子,也不太好意思向别人开口。"也就是钱老伯这样的观念,当他们攒够5100元时,房价已经变成了每套5700元,当他们攒够5700元,房价都上万了……李阿姨笑道:"我不是美国老太啊,我就是典型的中国老太。现在儿子买房了,我们就在这里混混就好了。"

如今的李阿姨与老伴已经不想搬家了。"住我们这里的老上海人大部分都是20多年的街坊邻居了。谁家什么情况都知道,老头子有高血压,以前走楼梯时昏倒了,还好邻居发现得早,马上送医院。"由于用的是公共厕所,楼道没有路灯,街坊们就一起凑钱在楼梯口安上。"儿子一直叫我们搬走,我们不要搬,一方面,我们要照顾老母亲,最主要的还是觉得这里才是根。"李阿姨说。

"和狗一起看看各种故事"

中午11点,四楼的李先生将自己的黄毛狗抱上楼道上的台子上。每天上午,他都会给自己的狗梳理毛发。"这只狗已经5岁了,很乖的,不咬人。"

李先生原是一所职业学校的体育教师,这套房子是1991年时老婆所在的电话局分的。正巧此时有一位男子和一位年长者吵架,李先生告诉记者:"喏,这种吵架是天天都有,这里稍微有一点声音都会全街坊都听得见。他们两个是经常吵的,就为一个自行车车位。"

李先生觉得住在这里还是蛮有意思的,"每天和狗在外面看看各种故事,到了晚上9点这里就很安静了。可以思考一下人生。"他点了一根烟,吸了一口,"这房子多结实呀,上世纪50年代的时候,国民党在这里轰炸,把杨树浦发电厂都炸了,这里一点反应也没有。"

现在,李先生最大的梦想是儿子能住进一套大房子里,毕竟他不想让儿子像自己一样蜗居在这里,"现在只能指望他了"。

密集的住户、简陋的条件,却因为长久的相识、邻里的友爱,散发出浓浓的人情味。

(图片来源:新华社)

本文发表于 2015 年 10 月 21 日

八十年代上海青年如何脱单 依 时

　　青年男女或者介绍人在询问"有没有房子"时所指的,是问男方父母家现有空间内,能否还有分隔出来的余地,如有阁楼、亭子间、阳台等空间可以供新婚夫妇居住,实在不行在较大的居室内用布帘子隔开一个空间也算房了。到了1982年,上海还推出全国创新举措——在普陀区志丹路上建成了新俪公寓,这一被称为"全国第一栋鸳鸯楼"的房子,专门供还未符合福利分房条件的大龄青年结婚过渡使用。

"全民还是集体?"

"有房还是没房?"

"海陆空有没有?"

1980 年代初,历尽波劫后的上海城内,复苏的不仅有经济,也有被压抑许久的人性和人情。随着大批知青返沪、农场青年返城,一时之间,找对象成了家家户户关注的话题。

在当时,超过 28 岁的男性和超过 25 岁的女性,都已经被归入大龄青年序列。因为刚刚返沪,没有福利分房,工资又几乎全民统一并无优势,因此上海出现了第一次找对象危机。在政府的鼓励下,几乎每个单位都被组织起来,要求尽可能解决大龄青年婚恋难问题。一批大型的相亲会也应运而生。其中,男性员工居多的钢铁厂最常和女性员工居多的纺织厂联谊,连报社也本着为社会分忧的担当,出面承担"红娘"工作。

"海陆空""全鸡全鸭"是什么?

59 岁的作家马尚龙还记得,上海文联《采风报》于上世纪 80 年代初在今作协所在的巨鹿路 675 号大厅里举办相亲活动。报名热线是 2471490,谐音沪语"两思切、一试就灵"。大厅里拉了绳子,上挂三角形小彩旗,每一面小旗上是一个单身者的年龄、身高、单位、照片等信息。如果看中了旗子上的人,就摘下旗子交给工作人员,由工作人员出面传递消息,以避免被拒的尴尬。

虽然当时谈恋爱也要问住房,但其含义与今日内环无贷的商品房不可同日而语。当时上海人均住房面积仅为 4.3 平方米,逼仄程度全国第一。

青年男女或者介绍人在询问"有没有房子"时所指的,是问男方父母家现有空间内,能否还有分隔出来的余地,如有阁楼、亭子间、阳台等空间可以供新婚夫妇居住,实在不行在较大的居室内用布帘子隔开一个空间也算房了。到了 1982 年,上海还推出全国创新举措——在普陀区志丹路上建成了新俪公寓,这一被称为"全国第一栋鸳鸯楼"的房子,专门供还未符合福利分房条件的大龄青年结婚过渡使用。

在工资几乎统一的年代里,询问对方单位性质是全民还是集体,全民里是事业单位还是企业单位,意味着福利劳保上的差距。在没有可能于住房上有太多要求、也还不时兴钻戒马尔代夫蜜月游的年代,女孩们于婚事上在"海陆空"和"全鸡全鸭"上攀比。其中,"海陆空"指的是:海,对方家庭亲戚中有海外关系;陆是落的谐音,指对方是刚落实政策的家庭,即对方是文革中受到冲击现在翻身的资本家、官员、知识分子背景的家庭;空是指有空房子。"全鸡全鸭",则指陪嫁里是否有电视机、收录机、洗衣机、鸭绒被头、鸭绒枕头。

内部解决,肥水不外流

在这事事依靠组织、结婚还需单位开证明的年代里,两个知己知彼的青年在一个单位或者系统里内部通婚不失为一种不错的脱单渠道。

1985 年《解放日报》登陆振球的调查发现,随着青年自主恋爱意愿增强,同一单位的青年人婚恋比例上升。撰文者于当年的统计发现,某厂 45 岁以下的同厂婚配有 24 对,占近 15 年结婚总人数的百分之三十四点九。"在一家小厂 22 至 26 岁青年正在热恋的有十二对,占这一年龄组未婚青年的百分之四十点六。",在一些被社会偏见贬低的职业领域,或者一些工作场所在偏远地区的单位内,这一比例更高。如当时某区环卫所近 5 年中,新婚人数共 554 人,其中 91 对是同一单位的。

稳定人心促生产,肥水不落外人田。在这方面,郊区也没闲着。

1980 年,《解放日报》市郊版登了一个 2000 余字的文章,详细描述了一位生产队老队长徐福元,如何进退有度地撮合了一对"内部姻缘"。其操作性之强、指导性之明确,堪为红娘范本。

其中的男主角国华,是个勤劳正直的青年,只因父亲在解放前当过两年伪乡长且拐腿哮喘,母亲去世后家里的重担都落在国华身上,因此好好的一个青年耽误到 33 岁还没有对象。等到"四人帮"垮台,思想解放了,老队长打定主意,要为国华找合适的人。一来二去,老队长想到了大队的种菇辅导员年云。

30 岁的年云曾与一个来插队的知青相好,但青年上调读大学后就甩了年云。

后来,年云经人介绍认识一个军人,可军人提干后,又取消了婚事。深受打击的年云从此一心扑在种菇上。老队长于是以蘑菇棚缺人手为由,将国华派去与年云一起工作。之后,老队长又无意在年云面前提到国华的人品好,还单身等信息;又买电影票叫两个青年一起去镇里看;国华生病时托年云去送水果……当老队长看看事情有七八分把握时,特意到到队里有名的快嘴大婶家串门聊天,知道"现在用不了半天,这消息就会传遍全村,用不了一天,整个大队都会传开。"

果然,在老队长的神机妙算下,国华和年云成了一对,而且因为精心管理,这个生产队的蘑菇长得全大队第一、卖出高价。年终总结时,两个青年都被评为公社的先进生产者。喜酒宴上,宾客纷纷恭维老队长一举三得。

上海十位丈母娘，倡议惊动全国

在冰雪初融、又处处留存含蓄感的上个世纪 80 年代，青年人谈恋爱时尽管拥有了越来越多的自主判断，但依旧还是离不开组织的影响。在全社会鼓励大龄青年去"勇敢爱"的同时，党报舆论也不遗余力地倡导人们简朴结婚、努力工作。

1981 年国庆前夕，214 对青年在上海体育馆举行集体婚礼。当时，钟民、夏征农、陈沂等时任市委领导到场祝贺。团市委书记汪明章为新人们证婚。七千余位来宾"交口赞誉这是破旧俗，立新风，建设社会主义精神文明的一件大好事。"

1982 年，上海灯泡三厂 14 位青年女工发出"树立正确恋爱观，不做高价姑娘"的倡议：恋爱结婚不讲排场，对男友只要求有上进心，人品端正，物质条件可在成家后自己去创造。1983 年 1 月 3 日，这 14 位青年女工的母亲，以"十位丈母娘"的名义登报，"向全市丈母娘提倡议"，完全赞同女儿们树新风破旧俗的行动。同日，《解放日报》连续数日展开征集问题讨论"勿做高价丈母娘"，提醒那些"提出要几百元钱彩礼、全套高档家具、十几桌酒席、几十斤喜糖"的丈母娘不要为了"敲女婿一记"而耽误了青年终身大事。当月 17 日，闸北区新疆路街道党委马上落实，并专门召开会议，将近三百位丈母娘欢聚一堂，倡议支持女儿婚事新办。很快，《人民日报》转发了《上海的十位丈母娘》一文，引起全国的反响。

为了鼓励青年革命生产两不误，报纸也真是操碎了心，连失恋的对策也想好了。

1980 年 7 月 14 日，《解放日报》还特意登一文《理想的爱和爱的理想——谈摆正爱情的位置》一文，手把手地指导青年"失恋之后，我们应该到集体中去寻找安慰，到火热的斗争中去充实自己的生活，用紧张的工作和学习，把占满脑子的痛苦挤掉。切莫把失恋看成是人生的完结——这是一把尺子，它能检验出你的意志；又是一面镜子，能反映出你的人生观……革命者比任何人都更为强烈地追求理想的爱。理想的爱和爱的理想之间的关系就是：忠实的爱情建立在志同道合的基础之上。"

嗯，真的是满满正能量扑面而来。

（图片来源：CFP）

本文发表于 2015 年 10 月 31 日

言慧珠在"华园"的爱与死 蒋 俭 制图 孙欣悦

【记忆里的上海里弄】花园洋房、石库门、各类新旧里弄,是上海的特色建筑,也是上海人永远的乡愁。在日新月异的城市建设中,越来越多的人认识到这些建筑群之于这座城市的意义。怎样的建筑应该得到保留?如何在留存建筑记忆和改善居住环境之间取得平衡?在讨论这些问题之余,那些来自个体的鲜活记忆,同样值得珍藏。

　　10 月 31 日，由 17 位昆曲界国宝级老艺术家主演的"大师版《牡丹亭》"在上海登场亮相。说起《牡丹亭》，总绕不开那个最经典的版本——梅兰芳和俞振飞主演的昆曲电影《游园惊梦》，而梅兰芳的弟子、著名京剧女演员言慧珠，和俞振飞也常合作演出《牡丹亭》，后来，两人还成为了艺坛一对耀眼的明星夫妻。

　　华山路靠近高邮路交界口的这条僻静的弄堂——1006 弄，在门口看起来，除了一块"优秀历史建筑"的挂牌，似乎并没有什么特别；不过走进去之后，才发觉这里的不寻常。这里都是一幢幢英国式、西班牙式的花园洋房，带着大小不等的花园，高高的围墙隔绝了路人的好奇目光，非常注重隐私；这里的洋房也不像不少其他地方都是已经被"七十二家房客"占据，通过风格一致的装修外观来看，绝大部分都还是保持了整幢独用的格局，不能不说是令人惊叹的。而最具有故事的是其中的 11 号楼，那曾是言慧珠居住了近 20 年的家，俞振飞 1961 年和言慧珠结婚后，就在这里居住过 5 年。

　　这个全由独幢带花园的洋房组成的小区被称为"华园"，建于 1925 年，和丁香别墅几乎只有一墙之隔，当年被称为"海格园"，因为华山路旧名叫海格路。即使在当时，也是非常高大上的地段和建筑。建造商是德国人，最早住的也是上海的德国商人和神父。太平洋战争爆发后，外国侨民纷纷回国，这里的住客换成了富有的中国商人。

　　据言慧珠前夫薛浩伟回忆，解放前，言慧珠作为"平剧皇后"、京剧界的超级女明星，拥有自己的剧团。"剧团很能赚钱。她带着剧团到外地一次巡回演出，就能赚好几万的，华园的小洋房就是那个时候赚了钱买的。"1952 年 9 月 24 日，言慧珠从一位即将出国的中国商人手中，用八千块钱买下了华园 11 号，用了几乎达到房价 2 倍的一万五千元，进行了豪华装修。在客厅里，挂上了她最喜欢的个人照片——笑盈盈地穿着时髦的花呢格子外套，胸前挂着德国相机，和现在的文艺少女的姿态没什么两样。

　　生于 1919 年的言慧珠，是京剧言派创始人言菊朋的女儿，她先学程派，后拜梅兰芳为师，成为梅派弟子的代表人物之一。据说她向梅兰芳学戏，很花心思。她设法与梅的爱女梅葆玥交朋友，给她说故事，十分亲热，最后干脆睡在思南路上的梅

华园的道路至今依然非常宁静祥和(作者拍摄)

家,无形之中又多了学戏的机会。在生活细节上,她也充分运用了女孩子的细腻来打动老师。梅兰芳爱吃北京"豆汁",他在上海住久了,就很想念,言慧珠就专门带了好几瓶北京最好的"豆汁张"给梅兰芳。梅兰芳自然是喜出望外,深感弟子的一片情意,再加上她本身天资就很聪颖,梅兰芳对这位女弟子也格外地器重,常常手把手地教她学戏,好学的言慧珠也"像一个贪心的孩子一样",她说自己"眼睛要像照相机,耳朵要像收音机",把梅派精髓——领受、消化、化用。

华园 11 号偌大的洋房,招待个把客人自然不在话下,当时在言慧珠的剧团里唱老生的薛浩伟,就住在华园的后楼,方便言慧珠和他排演和交流。合作中他们俩之间有了好感,1955 年,36 岁的言慧珠和小她 7 岁的薛浩伟登记结婚,生下了她的独子——言清卿。三口人在这座温馨舒适的小洋楼里共同生活了 6 年,直到 1960

年两人离婚,薛浩伟才搬走。

在学生的回忆文章里,身高一米七的言慧珠,是一个美得那么有生命力的女子:"她那么娇,娇得有点妖;那么艳,艳得有点野。身材、五官、腰腿,找不出一丝不足,过分的完美使人怀疑她的真实。"

言慧珠是蒙古族人,所以自称"狼主",现在,对应词的就是"女王"。言慧珠的"女王范"非常厉害,生活上我行我素,看戏时她可以一身火红、旁若无人地走进剧院,艺术上她也同样果敢和泼辣。从京剧转入昆剧,她和比她年长 17 岁的昆剧大师俞振飞越走越近,直到 1961 年结婚。婚后,俞振飞从五原路旧居搬入了华园,和言慧珠、言清卿一同生活。

离不开舞台的言慧珠,是出了名的勤学苦练,尤其在 40 岁后,练得更勤快。每天清晨起来,在华园的空地上,正反 20 圈圆场,是必需练的,然后是踢腿、下腰等一系列基本功训练。据儿子言清卿回忆,童年时就记得家里有一条高高的长凳,"妈妈每天要在长凳上练腰,脑袋和双腿垂在长凳的两边,练一次至少一刻钟以上。"客厅里,还有一面红木镶框的练功镜,她在花园里练完了,就在镜子前苦练水袖。言慧珠每天练功总要花上 2—3 小时,所以 40 多岁的时候,下腰还几乎能碰到脚后跟。

言慧珠和俞振飞在舞台上珠联璧合、交相辉映,但是,性格的矛盾在婚后生活中却越来越显现出来,言慧珠的刚和俞振飞的柔,并不能和谐地调剂到一起。后来,文革开始了,她不仅被赶下了舞台,受到批判,一次次地被抄家,甚至经常要在一片狼藉的华园家里,一遍遍地流泪写着交代书,更也让言慧珠受尽了心理的折磨。

1966 年 9 月初的一天,一大帮人又进入了华园 11 号的小楼,抄家持续了几乎一天一夜,他们把言慧珠藏在花盆底下、日光灯管里的金条,都抄了出来。藏在瓷砖后面的美钞也没逃得了,连镶嵌在床架上白金也被挖走……言慧珠看到如此惨状,顿时瘫倒在地——没有感情了,钱还可以让人活下去,但这次,钱都没有了,她彻底绝望了……那天晚上,她在二楼的浴室里悬梁自尽。第二天早上,遗体被抬走的时候,俞振飞只来得及给她穿上一双玻璃丝袜。言慧珠去世后,俞振飞也搬出华园,搬去了泰安路。

走进华园安静的弄堂,城市的声音逐渐被过滤干净,绿荫如织,小庭深院,走着走着,似乎有了一种时间逐渐变慢甚至停止的感觉。路过的洋楼都是门窗紧闭,矜持地在秋天下午的阳光里打着盹,仿佛和不远处徐家汇拔地而起的高楼群不在同一个时空里。

现在的11号,还是和照片上一样的华美而悲哀吗?带着好奇,我向弄堂的右面深处走去,越过几幢修葺得很精致的乳黄色西班牙风格洋房,意外地看见了一幢突兀的房子——说突兀,是因为它满满地被脚手架覆盖着,外墙面被剥得支离破碎,裸露出了大片灰色的砖墙,墙角下,都是大片大片的木片废墟,还有垒起的水泥袋子……在旁边漂亮的洋楼衬托下,它仿佛是来自残破不堪的过去。

目前一片狼藉的11号,不知出于何种目的正在重建(作者拍摄)

如同被泼了一盆冷水,我焦急地寻找墙面上的门牌号。果然,在房子最左面的小门旁,有一个小小的金属门牌"11 号"……只有门牌周围,乳黄色墙面,暗红色的瓦片,还依稀是过去照片上的旧模样。

透过微微敞开的大门,可以看见洋房内部同样是一片狼藉,巨大的墙洞,破落的楼梯,如同被暴风席卷而过留下的断墙颓垣。温暖的阳光中,11 号就这样满身伤口地站在那里。我不知道,迎接它的,是装修,是改造,还是改头换面的重建? 作为优秀历史建筑的一部分,它是否允许被这样"重生"? 难道带着伤痕的历史,不也是一种真实的痛?

(文中图片除标注外,均由作者拍摄)

本文发表于 2015 年 10 月 31 日

谜一样的哈同花园 读史老张　制图：孙欣悦

展览中心前身是 1955 年建成的中苏友好大厦。那地方，解放前叫哈同花园，又称爱俪园，住过名人，藏过珍宝，开过大会，办过学校。那里的看点，其实不在风景，而在人事。一百多年来，那地方虽然没有绯闻八卦，但却云遮雾罩，争议不断，留下过不少历史假设和谜团，至今令人匪夷所思……

前一阵子,上海展览中心因一位明星大婚而火了一把。一张网络图片显示:展览中心门口,众人或引颈张望,雾里看花;或窃窃私语,评头论足……他们能看到什么呢?

展览中心前身是1955年建成的中苏友好大厦。那地方,解放前叫哈同花园,又称爱俪园,住过名人,藏过珍宝,开过大会,办过学校。那里的看点,其实不在风景,而在人事。一百多年来,那地方虽然没有绯闻八卦,但却云遮雾罩,争议不断,留下过不少历史假设和谜团,至今令人匪夷所思……

一桩婚姻

哈同(1847—1931),英籍犹太人,出生于伊拉克巴格达,早年落魄,混迹在印度孟买,据说他1873年到上海时,裤袋里仅剩六块大洋。经人介绍,哈同到老沙逊洋行看门(司阍)。老沙逊退休后,给了哈同一笔钱,哈同用来炒地皮,低价购进河南路到西藏路一带地皮,从此发迹,成为远东第一富豪。

建造哈同花园,是哈同的中国籍夫人罗迦陵的主意。罗迦陵(1864—1941),出生在南市梦花街,以卖花为生,也有人说她是"咸水妹"。自结识哈同后,劝哈同弃烟土生意改炒房产地皮,哈同果然顺风顺水,日进斗金。哈同相信,罗迦陵七夕生日,有帮夫运,从此对她百依百顺,唯命是听。

哈同花园占地300亩,1909年建成,亭台楼阁,竹林假山,颇有"海上大观园"之势。用曹聚仁先生的话来说,"爱俪园中,罗氏便是慈禧太后,他(哈同)自己也和光绪皇帝差不多。"(曹聚仁《爱俪园之忆》)罗迦陵生活极尽奢靡,而哈同则克勤克俭,简单吝啬。有过一个传说:哈同在外应酬从外面打进电话,因嫌电话费贵,不让夫人接通,铃响一声说明晚点儿回家,铃响两声说明今晚不回家了……这当然是笑话,但也说明,哈同具有两面性,肯花60万两银子用印度铁藜木铺设南京路,却不肯在自己身上多花一文钱!

哈同与罗迦陵,一个信犹太教,一个信佛教,出身不同,性格迥异。但两人却珠联璧合,爱到永远。从留下的历史照片来看,哈同尽管粗鄙,但也不失绅士派头;而罗迦陵,相貌略丑,据说她身高马大,重约 200 斤,且不曾生育。尽管如此,哈同却从未移情别恋、拈花惹草,也未传出过与侍女成群的爱俪园女人有染的绯闻。这个问题,到底应该归因于哈同"惧内"的品性,还是归因于他信仰的宗教呢?

一纸判决

1907 年哈同花园初建时,哈同在沪西涌泉浜(今南京西路延安中路之间)圈地数百亩,强行迁走附近农民。在他的威胁利诱下,涌泉浜农民被迫离乡背井,流离失所。然而,哈同却遇到过一位"钉子户",这就是外号"张聋膨"的世代名医张骧云。

张骧云出身岐黄之家,医术高超,远近闻名。因祖坟位于涌泉浜东南角(今威海路延安路口),拒绝迁出此地。哈同遂在张氏祖坟周围围起高墙,欲禁止张家祭祖。张氏不答应,哈同被迫允诺在长浜路(今威海路)开一条小路,让张家扫墓时出入。但不久,哈同就违背承诺,在张氏祖坟前重打围墙,挖沟断路。张氏遂聘请律师,诉于英领馆。

官司拖了几年,双方都不肯让步。1916 年 8 月,英领馆终审裁定,判张氏胜诉。判决书称:"应在张氏坟地留有小路,以备张家祭扫之用,张家不论何人,不论何时,不分昼夜都可以自由出入,哈同不得干预。从小路到坟地经过的一座桥由哈同出资修建,并规定这次的诉讼注册费用由哈同承担……"哈同被迫在判决书上签字画押。

张氏赢哈同输,这个判决令人意外!要知道,此地属于公共租界,哈同是英籍犹太人,叱咤风云,炙手可热,无论洋人华人,谁见了他都会让三分:当年英商电车公司的 1 路有轨电车(从北四川路到静安寺),原是要从哈同花园旁的静安寺路(今南京西路)经过的,因哈同嫌电车的"铛铛"声太吵,电车被迫绕道,从王家沙折至爱文义路(今北京西路)再到静安寺……可见哈同的势能通天、恣意妄为。而此次官司,英领馆却判哈同败诉,其中缘由,无人能解。后来有人称此官司是"反帝斗争的胜利",但这个"胜利"却出自"英帝国主义"之手——这个道理,如何评说？

一出武戏

辛亥革命前,哈同曾资助过革命党人,有人说他投机取巧,这不公平;但说哈同倾向进步,则也誉之过高。其实,哈同对政治势力,向来兼容并包。在哈同花园里,既有革命党人,也有前清遗老;哈同既资助过蔡元培办爱国学社,也庇护过镇压武昌起义的湖广总督瑞徵。辛亥革命后,哈同花园成为革命党人的聚会场所,章太炎的婚礼就在哈同花园举行,婚礼参加者,远比展览中心那位明星要"大牌"得多:蔡元培是主婚人,孙中山、黄兴和陈其美等辛亥元老悉数出席,其他来宾约有 2000 余人。

1911 年 11 月 7 日,上海成立革命军政府。12 月,从国外归来的孙中山入住哈同花园。25 日下午,孙中山在哈同花园内与上海各界人士会面。晚宴以后,孙中山在陈其美的陪同下到花园戏台看戏。孙中山与陈其美并肩坐在前排,身后则有两位女保镖:人称"姐妹花"的尹锐志和尹维俊。演出进入高潮时,一名武打演员展示了一个高难度动作,引得满场喝彩。就在此时,尹锐志突然拔出手枪,将舞台上的两盏大吊灯击灭,同时,尹维俊飞身蹿上舞台,双手抖动发出一枚暗器,击中了那名武打演员,将其擒住——原来,那名武打演员正是企图行刺孙中山的杀手。

事后,陈其美问尹锐志:"你既然发现武打演员是刺客,为何不将其击毙,反而打灭了两盏大吊灯?"尹锐志解释说:"戏一开场,我就发现武打演员有问题。后来在打的做功上特别卖力,吸引各方注意,我知道要动手了。灯灭之后光线骤黑,刺客的眼睛什么都瞧不见,极易被擒。即便是会场上还有其他刺客,也会被震慑,来个三十六计走为上。"

这场武戏,令人费解。且不说武打演员动作"卖力",就有刺杀孙中山之嫌,假如真是刺客,那他究竟代何方利益?是刚刚垮台的清廷?还是后来居上的袁世凯?抑或是革命党内部的不同派系?历史在这里停顿了一下,未做进一步交代。

一幅画像

哈同夫妇识字不多,胸无点墨,但还算附庸风雅,"尊师重教"。哈同花园里,曾办过华严大学,也办过仓圣明智大学,招收不少贫家子弟免费入学,不少文人学者如罗振玉、王国维和康有为等都在此治学任教。

所谓"仓圣明智",据说是奉创造文字的仓颉为圣,按哈同花园总管姬觉弥的解释,仓颉造字,乃中国文化之源。然而仓颉是否确有其人,仓颉长得什么模样,无人能够想象。古书上描写过仓颉,说他"双瞳四目"。1916 年,哈同花园发出征画启事,征集仓颉画像,要求将仓颉的神韵画出来,拟悬于仓圣明智大学内。

其时刚考入震旦大学的徐悲鸿前去应征,花了几天工夫,画成一幅三尺多高的仓颉半身像。"画上是一个满脸须毛、肩披树叶的巨人,眉毛下各有上下重叠的眼睛两只……大头宽额,神采奕奕足够代表一个有智慧的上古人。"(黄警顽《记徐悲鸿在上海的一段经历》)这幅画像获得仓圣明智大学教授们一致通过,徐悲鸿从此被招进哈同花园任教。

仓颉画像,是改变徐悲鸿命运的"敲门砖"。在此之前,身无分文的徐悲鸿二赴上海,应聘商务印书馆等处,屡试不中,几乎要自沉黄浦。进哈同花园任教后,徐悲鸿苦尽甘来,生活改善,同时深得康有为赏识,成为入室弟子。在康有为的巧妙安排下,徐悲鸿与同乡蒋碧薇结成伉俪,金蝉脱壳,东渡日本,走向人生新高峰。

然而,这些仓颉画像后来去了哪里?会不会在某一天出现在苏富比或佳士得?谁也说不清楚。

一份遗嘱

1931 年 6 月 19 日,哈同去世,留下价值 1.72 亿银元的巨额遗产,其中包括地产 460 亩,房屋 1300 幢以及价值百万英镑的珍奇珠宝。哈同夫妇无子嗣,但有养子女数十名,外籍养子女从哈同姓,中国籍养子女从罗姓。按哈同与罗迦陵订立的遗嘱,遗产由罗迦陵继承,若罗迦陵亡故,则养子女等每人获十万元,剩余部分养子乔治获十分之七,养子罗弼获十分之三。两个月后,两位自称哈同近亲的伊拉克人要求分得遗产,称按照伊拉克法律,罗迦陵无权继承遗产,但两人的诉讼申请被法院驳回。

1941年10月3日,罗迦陵去世。在处理相关遗产时,人们发现,罗迦陵也留下一份遗嘱:赠总管家四百万元,捐中国政府950万元作为公共事业费和福利基金,余款分赠养子女等。这份遗嘱与前一份遗嘱出入较大。乔治只承认第一份遗嘱有效,而罗弼则凭借第二份遗嘱上罗迦陵的签名,认为第二份遗嘱有效。双方对簿公堂,官司旷日持久,从公共租界的英领馆打到汪伪政权的法院,再打到抗战胜利后的国民政府法院,直到1947年,乔治和罗弼达成和解,承认第一遗嘱合法,第二遗嘱捐赠政府的条款有效,结束了长达16年的遗产纷争。

哈同和罗迦陵夫妇,一个对外,一个主内,恩爱一场,也算白头到老。但哈同死后,明明有与丈夫共同订立的遗嘱在先,罗迦陵为什么偏要再立一份遗嘱?此外,养子女双方在法院缠斗之际,正值太平洋战争爆发,日军占领租界,哈同花园的财产却被日军接管,正可谓"鹬蚌相争,渔翁得利"。此后某日,哈同花园忽然着了一场大火,楼阁馆舍付之一炬,小桥流水荡然无存。这场大火,到底是天灾还是人祸?与旷日持久的遗产官司有无关系?……哈同花园的残壁断垣,让人生出丰富的联想。

本文发表于 2015 年 10 月 28 日

图书在版编目(CIP)数据

申喉 4855 · 钩沉/上海观察编. —上海：上海三联书店，
2015.2

ISBN 978 - 7 - 5426 - 5456 - 4

Ⅰ.①申… Ⅱ.①上… Ⅲ.①上海市－地方史－近现代
Ⅳ.①K295.1

中国版本图书馆 CIP 数据核字(2016)第 011350 号

申喉 4855 · 钩沉

编　　者 / 上海观察

责任编辑 / 陈启甸　冯　静
装帧设计 / 张志凯
监　　制 / 李　敏
责任校对 / 张大伟

出版发行 / 上海三联书店
　　　　　(201199)中国上海市都市路 4855 号 2 座 10 楼
网　　址 / www.sjpc1932.com
邮购电话 / 021 - 22895559
印　　刷 / 上海展强印刷有限公司

版　　次 / 2016 年 2 月第 1 版
印　　次 / 2016 年 2 月第 1 次印刷
开　　本 / 710×1000　1/16
字　　数 / 200 千字
印　　张 / 16.25
书　　号 / ISBN 978 - 7 - 5426 - 5456 - 4/K·361
定　　价 / 45.00 元

敬启读者,如发现本书有印装质量问题,请与印刷厂联系 021 - 66510725